MAS QUE VENCEDORES

Por

Víctor y Gloria Richards

PUBLICADO POR HLM PRODUCCIONES, S. A. DE C.V.
Melquiades Alanís 5825, Alamos de S. Lorenzo. Cd. Juárez, Chih., Méx. 32320
E-mail: hlm@vinonuevo.net

Registro Público del Derecho de Autor
Número 82101/96. Por Víctor y Gloria Richards

Todos los derechos reservados. Ninguna parte de esta publicación
puede ser reproducida sin el permiso previo de los autores.

ISBN 0-61411599-X   Hecho en México

INDICE

Lecc. 1	Vencedores sobre la Condenación.....................	5
Lecc. 2	Vencedores sobre la Culpabilidad.....................	9
Lecc. 3	Vencedores sobre el Negativismo.....................	14
Lecc. 4	Vencedores sobre la Pereza.............................	19
Lecc. 5	Vencedores sobre la Derrota............................	25
Lecc. 6	Vencedores sobre las Heridas del Alma............	31
Lecc. 7	Vencedores sobre la Ansiedad..........................	37
Lecc. 8	Vencedores sobre el Materialismo....................	43
Lecc. 9	Vencedores sobre la Pasividad.........................	49
Lecc. 10	Vencedores sobre la Incredulidad.....................	54

SUGERENCIAS CUANDO SE USA EL ESTUDIO EN GRUPO

1. Utilice las preguntas para reflexionar dentro de cada lección para fomentar la participación de todos los miembros del grupo. Anime suavemente a los timidos y no permita a unos pocos hablar demás.

2. Si alguien hace un comentario o pregunta que provoque una controversia o haga que la gente nueva se sienta incómoda, el dirigente en una manera firme pero cortés debe decir algo como, "Después de la clase podemos hablar del asunto a solas. Ahora volvamos al tema de la lección".

3. Si es posible que un miembro del grupo lea las referencias de la Escritura en una de las versiones tradicionales y que otro las lea en una versión moderna.

4. Pregunte cuántos aprendieron de memoria el versículo de la lección anterior. Dé tiempo para que unos pocos lo digan y así motivar a todos para que aprendan los textos.

5. Si desea puede sacar copias de las preguntas, (no incluyendo la parte de respuestas) y entregarlas a los miembros del grupo. Deles un poco de tiempo para responderlas. Esto ayudará a fomentar el diálogo.

LECCION 1

VENCEDORES SOBRE LA CONDENACION

INTRODUCCION

Se cuenta la historia verídica de cierto hombre que había sido sentenciado a muerte, en la horca. Llegó el día en que se iba a ejecutar la sentencia, pero por una serie de circunstancias, el entonces presidente de los Estados Unidos, Abraham Lincoln, otorgó al condenado un perdón presidencial.

Sin embargo, como en aquel entonces no existían teléfonos ni otros medios de comunicación rápida, el edicto presidencial tuvo que ser enviado por medio de un mensajero a caballo. La hora designada para la ejecución era a las 10 de la noche. ¿Llegaría el mensajero a tiempo? Trágicamente por el mal tiempo, el perdón presidencial llegó dos horas después de que el pobre condenado había sido ejecutado.

Por no saber que había sido perdonado, este hombre tuvo que pagar la máxima sentencia: pagó con su vida.

"Culpable", "Condenado" ¡Qué palabras más pavorosas!

¿Sabía que usted y yo...y toda la raza humana...hemos sido condenados a la muerte espiritual, que es mil veces peor que la muerte física, porque somos culpables?

Sin embargo, alguien pagó nuestra sentencia y nos ofrece perdón. Pero así como el hombre de la historia anterior murió porque no sabía que su condena había sido quitada, hoy en día millones están muriendo espiritualmente porque no saben que su sentencia ya ha sido cancelada.

Primeramente, veamos la realidad del pecado y por consecuencia la condenación...y luego la hermosa noticia de cómo ser libres de esa condenación.

I. LA REALIDAD DEL PECADO

A. "Pecado" - ¿Un término fuera de moda?

¿Qué reacción siente usted cuando escucha la palabra "pecado"? ¿Le incomoda? ¿Fastidia? ¿O piensa que es un término anticuado?

En la sociedad de hoy día, muchos consideran la palabra "pecado" no sólo como un término fuera de moda, sino hasta una molestia religiosa. Lo que antes llamaban "pecado" y "maldad" ahora denominan "represión sicológica", genes dañados, enfermedad, debilidad humana, etc.

El pensar de Dios y el pensar del mundo moderno a veces son totalmente contrarios.

Algunos ejemplos:

a. DIOS DICE que debemos humillarnos y ser siervos; EL MUNDO DICE, "promuévete a ti mismo".

b. DIOS DICE que es mejor dar que recibir; EL MUNDO DE HOY DICE que es mejor recibir que dar.

c. DIOS DICE que el homosexualismo es un pecado; EL MUNDO DE HOY DICE que es "un estilo de vida alternativo".

d. DIOS DICE que es un pecado quitar la vida; EL MUNDO DE HOY DICE que el aborto es "un derecho de la mujer sobre su cuerpo".

e. DIOS DICE que el sexo fuera del matrimonio es pecado; EL MUNDO DICE que uno no necesita un "documento" para demostrar su amor.

Lejos de ser motivos de vergüenza personal, ahora las causas, justificaciones e intrigas del pecado son discutidas ampliamente en programas televisados de entrevistas en donde las personas cuentan con orgullo y lujo de detalles sus indiscreciones. A la vez, lamentablemente millones se sientan frente a sus televisores fascinados con esta nueva forma de "entretenimiento".

> PARA REFLEXIONAR: ¿Cuál es su actitud hacia el pecado? ¿Se ha ido modificando conforme al pensar de la mayoría de la gente? ¿Cómo le han afectado o le han hecho insensible todos los mensajes en la televisión, radio, periódicos, etc.?

B. La consecuencias inevitables.
Uno puede ser totalmente sincero en sus creencias, pero su sinceridad no le salvará de pagar las consecuencias de su ignorancia o equivocación. Hace algunos años, unos padres creyeron que estaban dando a su hijo de 2 años medicina para la tos; sin embargo, estaban sinceramente equivocados y dieron a su hijo un veneno. El muchacho murió dentro de unas pocas horas.

Podemos llamarlo con el nombre que deseemos, pero el pecado ES PECADO a los ojos de Dios...y El dice que todos hemos pecado, (Romanos 3:23) aun la persona que aparentemente "nunca" ha hecho mal a nadie.

También El dice que *"la paga del pecado es la muerte."* Romanos 6:23

II. BUENAS NUEVAS

A. El precio pagado.
"Mas el Señor cargó en El (Jesús) el pecado de todos nosotros." (Isaías 53:6)

Jesús, al morir en la cruz, NO estaba enseñándonos a morir, como tantos dicen. ¡El murió para pagar el precio de nuestro pecado!

Cuando en la cruz El exclamó, "Consumado es", El no estaba refiriéndose únicamente a que su vida física había terminado, sino que la gran obra por la cual El había venido, ya era consumada.

Dios consideró la muerte de su Hijo como suficiente para pagar la deuda por el pecado que todos nosotros teníamos. Nuestros pecados no fueron pasados por alto, El mismo pagó por ellos con su sangre. No fue que Jesús simplemente llevó el castigo por el pecado. El llevó el pecado mismo, siendo nuestro sustituto:

"Al que no conoció pecado (Jesús) por nosotros lo hizo pecado, para que nosotros fuésemos hechos justicia de Dios en él". (2 Corintios 5:21)

B. Nuestra Respuesta
El perdón de nuestros pecados es un REGALO que se recibe POR FE, y de ninguna manera algo que merecemos u obtenemos, por nuestras buenas obras. Dios lo da gratuitamente a los que creen y se arrepienten. (Hechos 17:30)

Cuando recibimos por fe el perdón de nuestros pecados, Dios nos convierte en nuevas criaturas, ahora vivimos con el propósito de agradar a Aquel que pagó por nosotros.

Dios nos ha dado poderosas promesas para ser victoriosos sobre el pecado, pero si por la debilidad de la carne, llegásemos a pecar depués de recibir la salvación, la Escritura dice, *"Si confesamos nuestros pecados, El es fiel y justo para perdonarnos y limpiarnos de toda maldad."* I Juan 1:9

C. El Resultado: Ninguna Condenación
"Ahora, pues, ninguna condenación hay para los que están en Cristo Jesús." Romanos 8:1

Tome nota de lo que esto significa:

"AHORA" No tenemos que esperar hasta que vayamos al cielo.

'NINGUNA" No poca, sino ninguna.

"AHORA... NINGUNA CONDENACION" ¡Estas sí son buenas noticias!

CONCLUSION

¡Libres de condenación! Ese es el corazón del evangelio: que los culpables reciben perdón a través de la cruz.

Los sicólogos y siquiatras confirman que muchos de nuestros problemas emocionales y nerviosos y aun enfermedades, son el resultado de cargar con la culpabilidad o autocondenación.

El director de una institución para enfermos mentales dijo que el 50% de sus pacientes están allí porque tienen un fuerte sentir de culpabilidad. No saben cómo apropiarse del perdón de Dios y por consecuencia tampoco saben cómo perdonarse a sí mismos.

El primer paso hacia la victoria es enfrentar la realidad de nuestro pecado, arrepentirnos de él, aceptar el sacrificio de Jesús en la cruz y luego regocijarnos en el hecho de que ¡Ninguna Condenación hay para los que ya están en Cristo Jesús!

PREGUNTAS PARA DISCUSION

1. Aunque Dios es <u>duro</u> con el pecado, ¿cómo desmuestra su amor hacia nosotros, los pecadores? Lea Romanos 5:8

2. Hoy en día está muy de moda el mensaje de los humanistas: que el hombre en sí es bueno y que con buena educación y un medio ambiente favorable, él hará lo correcto. ¿Qué dice la Biblia al respecto? (Mencione un texto bíblico).

3. A la luz de esta lección, ¿en qué condición está cada una de las siguientes personas? ¿Ya son vencedores sobre la condenación, o aún no? Si no, ¿qué les falta hacer?

   a) Elvia tuvo un aborto hace dos años. Recientemente entregó su vida a Cristo, ¡y cómo se ha gozado!

   b) Carla es una magnífica mujer que cuida diariamente a su suegra inválida y siempre da limosnas para los niños de la calle. Ella dice que no necesita orar para aceptar a Cristo, puesto que ya es cristiana por sus buenas obras.

   c) Eduardo, quien fue un estafador empedernido, ya tiene un año desde que entregó su vida a Cristo, y es fiel. Sin embargo, aún se siente angustiado por aquellas personas inocentes a quienes estafó.

4. Recordando la historia al principio del hombre que fue ejecutado porque no se dio cuenta del perdón presidencial, ¿quién tiene la responsabilidad hoy en día de "dar el aviso" de que existe perdón de Dios en Cristo Jesús? ¿Puede pensar en un texto bíblico?

• Aprenda de memoria Romanos 8:1 •

RESPUESTAS

1. En que envió a Jesús a sufrir <u>nuestra</u> condena de muerte en la cruz en <u>nuestro</u> lugar.

2. Romanos 3:23; Romanos 3:10 Todos son pecadores.

3. a) Ha <u>vencido</u> la condenación, porque ha entregado su vida a Jesús.
   b) <u>No ha vencido</u> la condenación, porque a pesar de sus buenas obras, no ha aceptado la provisión de Dios para salvarlo, que es Cristo Jesús.
   c) Ya es libre de la condenación <u>eterna</u>. Sin embargo, para que él pueda gozar plenamente de esa victoria, debe buscar los medios para hacer restitución contra quienes pecó.

4. Es responsabilidad de nosotros que ya hemos recibido el perdón compartir con los demás. Leer Mateo 28:19

LECCION 2

VENCEDORES SOBRE LA CULPABILIDAD

INTRODUCCION

Cierta vez un indígena dijo: "La conciencia es una cosa en mi corazón que tiene puntas filosas, y cuando hago algo mal da vueltas y las puntas me lastiman mucho. Pero si yo continúo haciendo mal, las puntas por fin se desgastan y después no me causan dolor."

Este indígena tal vez no tenía mucha educación, pero él entendía perfectamente una verdad profunda.

Los siquiatras y sicólogos confirman que muchos de nuestros problemas emocionales y nerviosos, además de muchas de nuestras enfermedades, son provocadas porque tenemos luchas interiores no resueltas.

Nada - ni siquiera la medicina, el psicoanálisis, el acohol, las drogas, el sueño, los viajes o diversiones - puede ayudar a una conciencia intranquila, hasta que tratemos con ella bíblicamente.

I. EL PECADO Y LA CULPA

A. Culpables, pero perdonados.
Para entender bien el tema de la culpabilidad es necesario entender y aceptar la realidad del pecado. Como aprendimos en la lección anterior, todos hemos pecado, aun las personas "que no hacen mal a nadie." *"Si decimos que no tenemos pecado, nos engañamos a nosotros mismos, y la verdad no está en nosotros"*. (1 Juan 1:8). El engaño más grave es pretender que no tenemos pecado.

Pero como también aprendimos, Cristo pagó nuestra culpa, así que si nos hemos arrepentido y hemos decidido seguirle, ¡hemos sido declarados "perdonados"!

B. Ningún pecado es demasiado grande para el perdón de Dios.
¿Cree usted que sus pecados son demasiado grandes como para que Dios le perdone totalmente? Considere los siguientes casos:

Moisés fue un homicida (Exodo.2:11-14); sin embargo, fue perdonado y llegó a ser libertador del pueblo de Israel. **David**, el adúltero y asesino, también fue perdonado y fue llamado un hombre "según el corazón de Dios" (Hechos 13:22). **Pedro**, quien negó siquiera conocer a Cristo, venció su culpabilidad cuando entendió que había sido perdonado. **La mujer samaritana,** quien fue al pozo a buscar agua (Juan 4:7-26), llevaba la carga de haber sido casada cinco veces, y en ese momento vivía con un hombre sin estar casada con él. Pero ella aceptó el perdón de Cristo y se convirtió a una fiel testigo de su fe.

II. LA CONCIENCIA: LA ALARMA DEL CRISTIANO

Pero ¿qué sucede cuando el cristiano peca? El experimenta lo que el indígena explica, como "algo con puntas filosas en el corazón que empieza a dar vueltas y lastimar mucho".

Si continúa pecando, su conciencia se puede acostumbrar, entonces sucederá lo que explicó el indígena, "las puntas se desgastan y ya no causan dolor".

PARA REFLEXIONAR:
Piense por un momento ¿hay algún pecado en su vida al que se ha hecho insensible? ¿El chisme? ¿El contar chistes obscenos y hacer comentarios ofensivos y lujuriosos? ¿El maltrato verbal a sus hijos? ¿Algún otro? Si reconoce que sí, ¿qué piensa hacer al respecto?

Adán y Eva experimentaron lo que llamamos una conciencia culpable, debido a su desobediencia a Dios, y luego trataron de esconderse de su presencia. (Génesis 3:8). Aunque la palabra conciencia no aparece en el Antiguo Testamento, el concepto está presente y es expresado por la palabra "corazón". Después de que David pecó censando al pueblo, "le pesó en su corazón" (2 Samuel 24:10). El experimentó angustia porque su conciencia le decía, "culpable."

Cuando pecamos debemos experimentar angustia como David y nuestra conciencia debe estar diciendo, "culpable".

Esta es la convicción de pecado que trae el Espíritu Santo, usando la voz de nuestra conciencia para advertirnos que debemos hacer lo correcto. Después de un arrepentimiento genuino, toda culpabilidad ha de desaparecer.

Tan importante como la alarma de humo en una oficina o casa para avisar si hay un incendio, así es el sentir de convicción en la vida del creyente.

Aunque nuestra conciencia es maravillosa para advertirnos cuando andamos mal, no podemos depender totalmente de ella, porque nuestro entendimiento de lo que es bueno y malo está influenciado por muchos factores, como lo que aprendemos de nuestros padres, familiares, maestros, pastores, amigos, libros, medios de comunicación, etc.Ninguna de estas fuentes es infalible; por lo tanto nuestro pensar de lo que es bueno puede ser falso.

Es importante recordar que la conciencia es nuestro monitor moral; ella nos exhorta a hacer lo que <u>pensamos</u> que es correcto.

III. ¿CONDENACION O CONVICCION?

Aunque hay una gran diferencia entre la culpabilidad o condenación que viene al cristiano de parte del diablo, cuya táctica es acusar a los hermanos, (Apocalipsis 12:10) y la convicción del Espíritu Santo (2 Timoteo 3:16), a veces se pueden confundir. ¿Cómo distinguir a cada una?

A. <u>La convicción del Espíritu Santo:</u>
Una voz suave interior le dice, "Esto no agrada a Dios"; "Ten mucho cuidado con Fulano"; "Tú puedes vencer este mal hábito."

<u>¿El resultado?</u> Arrepentimiento, restauración de la comunicación con Dios, esperanza, motivación para vencer un problema, seguridad del amor de Dios.

B. <u>La culpabilidad del enemigo:</u>
Una voz interior le dice, "Eres un fracasado, inútil, indigno"; "Tú jamás cambiarás, ¿para qué seguir intentando?"

<u>¿El resultado?</u> Desánimo, condenación, frustración, falta de confianza para acercarse a Dios.

IV. LA CULPABILIDAD FALSA

Existe una culpabilidad falsa, la cual es un instrumento del enemigo para atormentarnos y para hacernos sentir culpable cuando no somos.

Observemos tres áreas donde generalmente esto sucede:

A. Pecados del Pasado
Un aborto, un divorcio, adulterio, relaciones sexuales antes del matrimonio, odio, etc...1 Juan 1:9 dice: *"Si confesamos nuestros pecados, él es fiel y justo para perdonar nuestros pecados y limpiarnos de toda maldad."*

El continuar castigándose a uno mismo, y seguir sintiéndose culpable después de haber pedido perdón, es decir que este versículo (por consiguiente la Biblia) es una mentira, o que Dios no es capaz de perdonar lo que hemos hecho. Cristo vino a la tierra precisamente porque usted y yo somos pecadores.

B. Tradiciones o Reglas de Hombres
La culpabilidad falsa también viene como resultado de juicios y argumentos de hombres. A veces la gente intenta controlarnos o manipularnos inventando reglas y reglamentos acerca de temas sobre los cuales la Biblia no habla específicamente.

C. Problemas Familiares
Es muy común entre familias que un hermano, por ejemplo, trata de hacer a otro hermano sentirse culpable por no hacer algo por los padres que él cree necesario. Los hijos echan la culpa (a veces falsa) a los padres, por no hacer algo que les es imposible. Los padres a veces utilizan la culpabilidad para que sus hijos ya grandes les den cosas más allá de su responsabilidad. *"Después de todo lo que tu pobre madre ha hecho por ti, ¿no crees tú que debes hacer tal o cual?"*

CONCLUSION

Cuando hay una lucha interior no resuelta, las consecuencias pueden ser tan leves como un dolor de cabeza hasta algo tan grave como la depresión o hasta el suicidio. La culpabilidad es una raíz que ha destruído matrimonios y familias, porque destruye vidas. Pero usted puede vencerla si vive en un espíritu de humildad, confesando sus pecados y debilidades, y así podrá disfrutar de comunión continua con el Señor.

No permita ni a Satanás, quien es "el acusador de los hermanos" (Apocalipsis 12:10), ni a otras personas acusarle por los pecados que están bajo la sangre de Jesús. Si usted ya aceptó a Jesús como su Salvador, la Biblia dice que sus pecados han sido echados a lo más profundo del mar. (Miqueas 7:19). Y hay un aviso junto a este mar que dice "¡No se permite pescar!"¡No vuelva a recordarlos! ¡Usted puede ser un vencedor sobre la culpabilidad!

> Tome en cuenta que para recibir perdón y ser libre de la culpabilidad, el primer paso es reconocer y confesar su pecado, y recibir a Jesús como su Salvador. **¿Usted ya ha tomado ese primer paso?**

PREGUNTAS PARA DISCUSION

1. Recordando el comentario del indígena al principio de esta lección, ¿qué puede ocurrir en la vida espiritual del cristiano si continuamente peca en cierta área, sin hacerle caso a su conciencia?

2. Cuando uno responde a la convicción del Espíritu Santo, ¿cuáles son algunos de los resultados? Mencione algunos resultados de la culpabilidad falsa.

3. ¿Qué consejo le daría a las siguientes personas? ¿Experimentan convicción del Espíritu Santo o culpabilidad falsa?

    a) Liliana, quien es una cristiana, tiene una prima en Zacatecas que quiere enviar a sus dos hijos drogadictos a que pasen el verano en su casa para ver si "se rehabilitan". Liliana vive en una casa chica con sus cinco hijos y siente que sería un peligro para su propia familia recibir a estos dos jóvenes. Cuando su prima le echa en cara, "¿Dónde está el amor cristiano?" ella se siente culpable.

    b) Evaristo fue muy mujeriego años atrás. Desde que se convirtió, ha cambiado totalmente. Tiene un antiguo amigo de trabajo y de parranda que le invita a acompañarle a fiestas mundanas y Evaristo piensa que sería una manera de ganar a su amigo para Cristo; sin embargo, algo dentro le dice que no debe hacerlo, aunque su amigo se burle de él y le hace sentir mal.

    c) Desde que Claudia y Gerardo aceptaron a Cristo, la mamá de ella les reclama la traición al aceptar esta "nueva religión", después de todo lo que ha hecho por ella. Esto hace que Claudia se sienta terrible.

• Aprenda de memoria 1 Juan 1:9 •

RESPUESTAS

1. La conciencia puede llegar a ser cauterizada, es decir tan acostumbrada al pecado, que ya ni siente uno la convicción del Espíritu Santo (I Tim. 4:2)

2. a) Restauración de la comunicación con Dios, esperanza, motivación para vencer un problema, seguridad del amor de Dios. b) Desánimo, condenación, frustración, falta de confianza para acercarse a Dios.

3. a) Culpabilidad falsa b) Convicción del Espíritu Santo c) Culpabilidad falsa

LECCION 3

VENCEDORES SOBRE EL NEGATIVISMO

INTRODUCCION

Dos personas contemplan la puesta del sol; a uno le da olor a polvo y el otro ve los rayos deslumbrantes de luz. El uno habla de las alegrías de la belleza de la naturaleza, mientras que el otro se queja de los moscos.

Aunque parece que algunas personas nacen siendo optimistas, por lo general, somos una sociedad infectada con el negativismo y su primo hermano, el fatalismo. La razón es sencilla: somos una raza caída y llevamos las huellas del pecado.

Habrá unas excepciones, como la persona que viene de una familia cristiana y transformada por el poder de la fe, pero en la mayoría de los casos, desde niños nos acostumbramos a escuchar, "No me alcanza"; "No se puede"; "No podemos hacer nada", etc.

I. Nuestras Palabras Afectan a los Demás.

Veamos una historia muy interesante en el libro de Rut que demuestra gráficamente cómo las palabras negativas pueden tener un efecto trascendental.

Elimelec era un hombre de Israel que ha de haber sido una persona muy negativa y desanimada porque cuando nacieron sus dos hijos nombró a uno de ellos Mahlón que significa "Enfermizo", y al otro nombró Quelión que significa "Moribundo". ¡Enfermizo y Moribundo! ¡Qué padre más pesimista!

Una persona negativa suele tomar decisiones erróneas.

Hubo hambre en la tierra de Israel y en vez de esperar en Dios para la provisión, Elimelec se desesperó y decidió llevar a su familia a Moab, una tierra maldita por el Señor.

Poco después de llegar a Moab, les fue de mal en peor porque Elimelec se murió. Los dos hijos se casaron con mujeres moabitas, algo que era prohibido por Dios, y después ellos también se murieron.

El libro de Rut termina con la hermosa historia de la gracia de Dios sobre Rut, pero comienza con el fracaso de un hombre negativo.

¿Qué palabras escuchan sus hijos y todos los en su derredor? ¿"Inútil"?; ¿"no vales para nada"?; ¿"no la vas a hacer"?; ¿"no podemos"?; ¿"vas a fracasar"?, etc.

"Del fruto de la boca del hombre se llenará su vientre; se saciará del producto de sus labios. La muerte y la vida están en poder de la lengua, y el que la ama comerá de sus frutos." Proverbios 18:20, 21

> PARA REFLEXIONAR:
> Como Elimelec, ¿puede usted pensar en una ocasión en su vida cuando tomó una decisión errónea, porque tuvo una actitud negativa y sin fe?

II. Una Actitud Negativa: Receta Para la Derrota.

Cuando Moisés envió a los doce espías para reconocer la tierra que Dios había prometido al pueblo de Israel pero que aun no habían conquistado, todos volvieron diciendo que en verdad era tierra que fluía de leche y miel y que el fruto era precioso. (Se puede leer en Números 13:25-35)

Sin embargo, diez de los hombres agregaron una palabra negativa: "pero..."

"Pero", dijeron ellos, *"el pueblo que habita allí es fuerte, no podemos contra ellos. Vimos allí gigantes y nosotros parecíamos como langostas"*.

¿Ha escuchado a alguien decir, "Dios sí es grande PERO mi situación es muy difícil, casi imposible."?

Sólo dos de los espías, Josué y Caleb, dijeron, *"Sí podemos tomar la tierra porque el Señor está con nosotros. No temamos a esa gente fuerte."* (Números 14:6-9) Es importante notar que ellos no negaron la presencia de los gigantes; dijeron que sí había gigantes pero también confesaron que ¡Dios era más grande!

Sólo dos hombres hablaron palabras de fe. ¿El resultado? El pueblo entero de Israel creyó las palabras de los diez negativos y empezaron a murmurar y quejarse contra Moisés, provocando que la ira de Dios se encendiera. El juró que aquella generación no entraría en la tierra de promesa sino que tendrían que caminar 40 años en el desierto y así fue. (Números 32:10-13)

¡Qué alto precio pagaron por su negativismo que en realidad era falta de fe!

> PARA REFLEXIONAR:
> ¿Está usted perdiendo oportunidades o bendiciones por su negativismo?

III. El Remedio del Negativismo: Otra Perspectiva.

Posiblemente usted está diciendo, "Yo no soy negativo, más bien soy realista. No puedo negar todos los 'gigantes' en mi vida."

Vamos a ver que la alternativa al negativismo no es el positivismo.

A. "No" al Positivismo.
No es cuestión de decir mil veces, "Yo creo, yo creo". El poder del pensar positivamente no es malo siempre y cuando esté basado sobre las promesas de Dios. Pero muchas veces es una técnica del esfuerzo humano que llega a ser fe en uno mismo o en su propia fe...no fe verdadera en la Palabra de Dios.

B. "Sí" a la perspectiva de Dios.
El cristiano no vive solamente en el plano natural, sino en el plano sobrenatural. El tiene otra perspectiva.

Una historia en 2 Reyes nos lo puede aclarar. En el capítulo 6:6-23, encontramos que los sirios, enemigos de Israel, mandaron de noche un gran ejército y sitiaron la ciudad. En la mañana cuando el siervo del profeta Eliseo se levantó y miró la multitud de enemigos, gente de a caballo y carros, se atemorizó y habló con Eliseo.

¿Cuál fue la respuesta del profeta? Fijémonos bien: ¡él no negó la presencia del enemigo! El no actuó como si no hubiera peligro. El simplemente expresó otra perspectiva cuando dijo, *"No tengas miedo, porque más son los que están con nosotros que los que están con ellos."* (v.16)

Luego Eliseo oró para que Dios abriera los ojos espirituales de su siervo. El Señor lo hizo, y entonces su siervo vio el monte lleno de gente de a caballo, y de carros de fuego alrededor, es decir un ejército de ángeles.

Unicamente dos personas vieron más allá de lo natural: Eliseo y su siervo. Y así es hoy en día. La mayoría de la gente sólo vive en el plano natural y sólo ve con los ojos naturales. Pero el cristiano no está limitado a esta dimensión. Nosotros andamos por fe, no por vista. ¡Esto es tener la perspeciva de Dios!

IV. ¿Qué Espera Usted?
"Por lo demás, hermanos, todo lo que es verdadero, todo lo honesto, todo lo justo, todo lo puro, todo lo amable, todo lo que es de buen nombre; si hay virtud alguna, si algo digno de alabanza, en esto pensad." Filipenses 4:8

Si pensamos en la derrota y si hablamos sobre la derrota, la ruina, el fracaso y lo negativo, nuestra vida será como la de

Elimelec: triste y llena de desgracia. Al contrario, si pensamos en y hablamos sobre lo puro, lo justo y lo verdadero, es decir la Palabra de Dios, nuestra vida lo reflejará.

¿Espera usted el favor de Dios cada día? David dijo, *"Ciertamente el bien y la misericordia, (o favor), me seguirán todos los días de mi vida."* Salmo 23:6

¿Espera lo bueno para su familia, sus hijos, su trabajo, su congregación? No es cuestión de negar la presencia de "los gigantes", que son las pruebas, dificultades y dolores de la vida. Jesús mismo dijo, *"En esta vida tendréis aflicción."* Es cuestión de tener la perspectiva correcta. *"Mayor es el que está en nosotros que el que está en el mundo."* I Juan 4:4

CONCLUSION

Se cuenta la historia de dos vendedores de zapatos que fueron al Africa para intentar vender su producto allí. Después de una semana, uno mandó un telegrama a su oficina que decía: "Estoy regresando. Aquí nadie usa zapatos. ¡Situación imposible!" El segundo hombre también mandó un telegrama a la oficina. Decía: "¡Tremenda oportunidad! Aquí nadie tiene zapatos. ¡Envía pedido doble!"

Estos dos vendedores estaban en la misma situación pero uno lo vio desde la perspectiva positiva y el otro de la perspectiva negativa.

Si una actitud positiva pudo favorecer tanto a un vendedor de zapatos, ¡cuánto más nosotros, que contamos con las promesas de Dios, podemos experimentar el favor divino sobre nuestras vidas!

Como nación, estamos viviendo en tiempos sumamente difíciles. Nuestra economía se ha visto terriblemente afectada, personas en quien confiamos nos han decepcionado, y al ver la situación política de nuestro país, bien se comprende la incertidumbre, el temor, la desconfianza de tantos.

Pero, para los hijos de Dios, este es el tiempo de abrir nuestros ojos espirituales y tener la misma perspectiva de Eliseo cuando dijo: *"No tengamos miedo, porque más son los que están con nosotros que los que están con ellos..."* Pablo lo expresó así: *"Si Dios es por nosotros, ¿quién contra nosotros?"* Romanos 8:31

¿Vive usted solamente en el plano natural como el siervo de Eliseo o vive en el plano sobrenatural, viendo con los ojos de la fe? ¡Usted puede vencer el negativismo!

PREGUNTAS PARA DISCUSION

1. ¿Cómo afectó el negativismo de Elimelec a toda su familia?

2. ¿Qué lecciones podemos aprender de la experiencia del siervo de Eliseo, cuando sus "ojos espirituales" fueron abiertos?

3. ¿Qué es la diferencia entre el mero "pensar positivo" como enseñan tantos, y la auténtica fe en Dios?

4. ¿Qué palabras/actitudes recibió usted de sus padres? ¿Y cómo le afectaron en cuanto a su forma de mirarse a sí mismo, a otros y al mundo? ¿Cómo se transformaron las actitudes que usted heredó de sus padres, cuando tuvo un encuentro con Cristo?

5. ¿Qué bendiciones/oportunidades podemos perder por el negativismo o falta de fe? ¿Tiene usted un corto testimonio de algún problema serio que tuvo, y que una vez que cambió de actitud, la situación cambió?

• Aprenda de memoria Proverbios 18:21 •

RESPUESTAS

1. Desde un principio, predispuso mal sobre sus hijos con los nombres que les dio. Estos murieron muy jóvenes cuando hubo hambre en Israel. En vez de confiar en Dios, llevó a su familia a un lugar maldito por Dios - y le fue mal.

2. Reconocer que aunque vivimos en medio de tiempos sumamente difíciles - tenemos un Dios poderoso a favor nuestro.

3. "El pensar positivamente" tiene mucho que ver con la fe de uno mismo - mientras que la auténtica fe en Dios se basa en El y sus promesas.

4. Libre

5. Libre

LECCION 4

VENCEDORES SOBRE LA PEREZA

INTRODUCCION

Una pregunta muy común para conocer mejor a otra persona es...¿Dónde o en qué trabaja usted? Y aun algunos atrevidos agregan la pregunta: ¿Cuánto gana? Esta pregunta no siempre es bien recibida, aunque algunos sí la contestan...pero ¿cómo se sentiría usted si le preguntaran: "¿Y cree usted que trabaja lo suficiente para merecer lo que le pagan?"

Qué bueno que ¡nadie se atreve a preguntar eso! porque, ¿cuál es la meta más alta de la mayoría? ¡Trabajar lo menos posible y ganar lo más posible! ¿Por qué? Por nuestra actitud equivocada en cuanto al trabajo: muchas veces lo consideramos un mal necesario, hasta una maldición pero no algo digno, no una bendición. Pocos hombres reciben satisfacción personal de su trabajo.

Por esta misma razón, las personas anhelan ganar la lotería: ¡así jamás tendrán que trabajar! Miles sueñan trabajar para el gobierno, no con el deseo de servir bien a sus compatriotas, sino porque de esta manera trabajarían lo mínimo para recibir un buen sueldo. ¡Qué desgracia!

Observemos cuál ha sido el pensar acerca del trabajo a través de la historia.

I. EL PENSAR JUDIO

Para el judío, el trabajo era un don de Dios. *"...es don de Dios que todo hombre ...goce el bien de toda su labor"*. (Eclesiastés 3:13) Este pensar fue totalmente contrario al pensar de las naciones paganas de sus días. Por ejemplo, los griegos consideraban el trabajo físico una maldición. Platón y Aristóteles, los grandes filósofos de su día, promovieron la idea de que los trabajos intelectuales, como la política, el arte y la filosofía eran más nobles que el trabajo físico. Desgraciadamente, hasta la fecha muchos siguen con ese pensar.

> PARA REFLEXIONAR:
> ¿Qué conceptos negativos acerca del trabajo ha escuchado en el medio en que usted se desenvuelve?

El pueblo judío es tan próspero ahora porque siempre ha tenido una mentalidad de ser diligente. Hace menos de 50 años, a este pueblo, que por siglos no había tenido una tierra que pudiera llamar "propia", se le otorgó de nuevo su propiedad - pero, era un lugar desierto que nadie había sabido cómo aprovechar.

Sin embargo, ¿sabe qué hicieron los judíos, que incluía muchos ingenieros, médicos y profesionistas, cuando regresaron a Israel de otras naciones? Inventaron un sistema de riego que solucionó el problema de la sequía y todos trabajaron parejo para reedificar su patria. El desierto se convirtió en campos fértiles y ahora exportan a todo el mundo.

II. EL PENSAR DE DIOS

"También el que es negligente en su trabajo es hermano del hombre disipador." Proverbios 18:9
"Acuérdate del día de reposo para santificarlo. Seis días trabajarás y harás toda tu obra." Exodo 20:8-9

¡Seis días trabajarás! No dice, "Espero que te sientas bien para trabajar" o "Debieras de trabajar". Sólo dice "trabajarás." Si alguien dijera que trabaja un día y descansa seis días, diríamos "¡Dichoso!". Pero ¿cree que esto honra a Dios?

Hay un dicho, "No deje para mañana lo que puede hacer hoy". Pero la mayoría decimos, "¿Por qué hacer hoy lo que podemos hacer mañana?" Es una mentalidad que tenemos que desarraigar. ¡Tenemos que vencer la pereza y su primo la procrastinación!

EN EL PRINCIPIO...

En el primer libro de la Biblia leemos, *"Y acabó Dios en el día séptimo la obra que hizo, y reposó el día séptimo de toda la obra que hizo".* Génesis 2:2

Fijémonos en las palabras "la obra que hizo" Dios. ¡DIOS OBRO! al crear el universo. Y siendo que el hombre fue hecho a la imagen de Dios, también nos hizo obreros.

También leemos: *"Tomó Dios al hombre, y lo puso en el huerto del Edén, para que lo labrara y lo guardase."* Génesis 2:15

Dios llamó a la humanidad a cultivar la tierra que El había creado y a ejercer dominio sobre ella. Esto sucedió antes de la caída, antes del pecado; entonces el trabajo no fue un castigo de Dios.

La maldición que vino por el pecado trajo espinos y cardos, obligando al hombre a sudar para producir, pero el trabajo en sí era y sigue siendo una bendición que debe traer realización. Además, fue un llamado al trabajo, tanto físico (podando árboles) como intelectual (nombrando a los animales). Uno no fue más importante que el otro.

III. LAS CONSECUENCIAS DE LA PEREZA

A. Frustración y Deseo No Cumplido.
"El alma del perezoso desea y nada alcanza..." Proverbios 13:4

B. Vida de Dificultades y Contratiempos
"El camino del perezoso es como seto de espinos, mas la vereda de los rectos, como una calzada."
Proverbios 15:19

C. Pobreza
"La pereza hace caer en profundo sueño, y el alma negligente padecerá hambre." Proverbios 19:15
"No ames el sueño, para que no te empobrezcas..." Proverbios 20:13
"...el que sigue a los ociosos se llenará de pobreza." Proverbios 28:19
"...si alguno no quiere trabajar, tampoco coma." 2 Tesalonicenses 3:10

La persona floja, o vive en la pobreza o es una "sangüijuela" que vive de los demás.

Pereza Mental y Espiritual.
Muchas veces la flojera física, mental y espiritual van juntas, pero no siempre. ¡Qué pérdida de habilidad mental cuando alguien nunca lee un libro y nunca se esfuerza para aprender nuevas cosas, no porque no pueda, sino porque es flojo!

¿Sabía usted que si diariamente dedicáramos una hora a estudiar otro idioma, en un año nos podríamos comunicar en ese otro idioma? Pero a veces preferimos ver televisión en vez de estudiar algo. La persona promedio ve más de 23 horas de televisión a la semana.

Y aun más trágico es la flojera espiritual porque lleva consecuencias trascendentales.

"Es necesario que con más diligencia atendamos a las cosas que hemos oído, no sea que nos deslicemos". Hebreos 2:1

Necesitamos ser diligentes y disciplinados en la vida espiritual, para llegar a alcanzar nuestro máximo potencial en Dios.

IV. EL FRUTO DE LA DILIGENCIA

A. Prosperidad y Exito
"La mano negligente empobrece; mas la mano de los diligentes enriquece". Proverbios 10:4
"...La mano de los diligentes será prosperada." Proverbios 13:4

La prosperidad y éxito es mucho más que dinero. Es una sensación de sentir que uno está cumpliendo con el potencial que Dios le ha dado. Por ejemplo, hay muchas personas que sacrifican un mejor sueldo por hacer algo menos remunerado pero que les da mayor satisfacción. ¡Ese es el verdadero éxito!

B. Honor y Respeto
"¿Has visto al hombre solícito en su trabajo? Delante de los reyes estará."
Proverbios 22:29

Una versión moderna dice, "¿Has conocido a un hombre muy trabajador? El tendrá éxito y se parará delante de los reyes", es decir, el recibirá honor y respeto. Además de la autosatisfacción...¿quién no quiere sentirse respetado por otro? Quizá pocos recibirán reconocimiento por parte de altos funcionarios...¿pero quién no desea el respeto de sus hijos?

C. Dormir tranquilamente
"Dulce es el sueño del trabajador."
Eclesiastés 5:12
No hay mejor descanso después de un día bien aprovechado, además de tener la tranquilidad de saber que hay recursos con que pagar las cuentas, etc.

V. USTED PUEDE VENCER LA PEREZA

¿Reconoce que usted no da de sí todo lo que pudiera dar? Aquí hay algunos sencillos pasos para comenzar desde ahora - ¡No mañana!

1. Confiese su pereza a Dios. Pídale perdón por no ser buen mayordomo de todo lo que Dios le ha dado.

2. Examine su condición física. A veces la falta de energía es por cosas tan sencillas como una deficiente alimentación (¡Demasiada comida chatarra!) y falta de ejercicio. Posiblemente vitaminas harán una tremenda diferencia en su nivel de energía.

3. Examine su actitud en cuanto al trabajo. ¿Le da vergüenza su trabajo? ¿Le es una carga? ¿Está frustrado porque no está haciendo lo que realmente quisiera hacer? Todos estos factores pueden afectar seriamente nuestra motivación en el trabajo, pero hay salidas:

    a. Cultive una actitud de gratitud por su trabajo. Hay muchas personas que ¡cuánto no darían por un trabajo estable!

    b. No menosprecie su trabajo; no hay trabajo honesto que no beneficie a otros. Aun si usted es recolector de basura - ¡piense en los estragos cuando los recolectores no llegan!

    c. Confiese a Dios su desánimo...aun desesperación. Pídale que le dé una nueva visión del propósito que El tiene para usted en ese lugar, o que si es su voluntad, le abra sus ojos a nuevas oportunidades y que le dé un nuevo trabajo.

CONCLUSION

La pereza es una tragedia y una de las cosas más tristes que puede ocurrirle al ser humano.

Para el cristiano, es una vergüenza porque nosotros glorificamos a Dios cuando somos conocidos como personas diligentes.

Podemos romper malos hábitos y patrones del pasado. Por el poder del Espíritu Santo, podemos ser más que vencedores. ¡Podemos ser vencedores sobre toda pereza en nuestras vidas!

PREGUNTAS PARA DISCUSION

1. Obviamente, "el trabajo" no incluye sólo trabajo formal remunerado...sino el buen aprovechamiento de cualquier cosa "que se nos viene a la mano para hacer." Tomando esto en cuenta, ¿cómo puede redimir bien el tiempo...la ama de casa y madre?...un padre de familia que recién ha perdido su trabajo?...un joven estudiante en vacaciones de verano?

2. ¿Cuál es el pensar de Dios en cuanto al trabajo? Génesis 2:2; Exodo 20:9

3. Aparte de la remuneración ecónomica, ¿qué otras bendiciones hay al trabajar?

4. ¿Cómo puede uno mejorar su actitud en cuanto a su trabajo?

5. Encuentre un texto que relaciona la pereza con la pobreza y léalo.

• •
• Aprenda de memoria Proverbios 10:4 •
• •

RESPUESTAS

1. Las siguientes respuestas son sólo sugerencias - probablemente los participantes puedan agregar otras o aun dar testimonio de lo que han hecho en estos casos:

<u>La ama de casa</u>: Además de tener su casa en buen orden, hacer trabajo voluntario en la escuela de los hijos y congregación, estar al tanto de las necesidades físicas y emocionales de vecinos, ancianos, etc.

<u>Un padre de familia que ha perdido su trabajo</u>: Además de estar constantemente buscando trabajo hasta encontrarlo, aprovechar el tiempo para capacitarse más en cuanto a su propio trabajo o alguna otra carrera técnica, buscar oportunidades para hacer trabajos voluntarios, dedicar más tiempo a servir en su congregación, investigar qué habilidades tiene para servir a otros en que pueda ganar "un dinero extra", etc.

<u>Un alumno en vacaciones</u>: Aprovechar oportunidades de trabajo misionero y servicio en su congregación, organizar con otros compañeros trabajos sencillos que puedan hacer en la colonia donde viven - con o sin remuneración, etc.

2. Dios OBRO al crear el mundo y todo el universo, y siendo el hombre hecho a la imagen de Dios, también nos hizo obreros. Dios puso al primer hombre en el huerto para cautivarlo. Así que, el trabajo en sí es una bendición, no una maldición. En Exodo Dios dice "seis días trabajarás".

3. Autosatisfacción, respeto, buen descanso, etc.

4./ 6. Discusión libre

5. Varias respuestas: Proverbios 13:4; 19:15: 20:13; 28:19.

LECCION 5

VENCEDORES SOBRE LA DERROTA

INTRODUCCION

¿Alguna vez ha fracasado usted en algo? Pues..¡hay buenas noticias! Su nombre figura entre la lista de personajes importantes. Sólo unos ejemplos:

Beethoven, el famoso compositor. Su maestro de música lo evaluó así: "Como compositor, Beethoven es un caso perdido."

Thomás Edison, el inventor del foco de luz eléctrica. Sus maestros dijeron que él era tan tonto que jamás podría aprender.

Y. W. Woolworth, el gran empresario de la cadena de tiendas con el mismo nombre. En su primer empleo, no se le permitió atender clientes porque decían que "le faltaba sentido común."

Walt Disney, el fundador y "el genio" tras Disneylandia. Una vez fue despedido de un trabajo porque según su jefe, "le faltó creatividad."

Frank Peretti, autor de Esta Patente Oscuridad, novela cristiana de la que se han vendido más de un millón de ejemplares, pero antes fue rechazado por ¡9 editoriales!

El fracaso en algún momento es una realidad en la vida. Con razón la Biblia dice..."*Porque siete veces cae el justo, y vuelve a levantarse...*" (Proverbios 24:16)

Aquí está la clave: **Vuelve a levantarse**. El caerse no le hace un fracasado, pero el no levantrase, sí.

El cómo levantarse...y vencer la derrota, es lo que veremos a continuación.

I. RECONOZCA QUE DIOS LO HA HECHO PARA REINAR EN VIDA

"*...mucho más reinará en vida por uno solo, Jesucristo, los que reciben la abundancia de la gracia (favor)...*"
Romanos 5:17

¿Sabía usted que puede reinar en esta vida, es decir, vivir en victoria sobre las circunstancias en vez de ser víctima de ellas?

Muchos cristianos viven como gusanos, arrastrándose por el suelo y lo llaman "humildad" pero en realidad es derrota.

Consideran como "normal" el temor, la miseria económica, la enfermedad, complejos, depresión, pensamientos que atormentan, pleitos familiares, mal genio, ser iracundo y un sin número de otros problemas.

Es necesario reconocer que reinamos en esta vida únicamente por el Señor Jesucristo. El es la fuente de nuestra autoridad. Cuando El anduvo aquí en la tierra en cuerpo mortal, El ejerció dominio sobre todas las fuerzas del enemigo y El ahora ha puesto este mismo dominio o autoridad en nuestras manos. El reinó en vida y nos ha prometido que podemos hacer lo mismo.

¿Está usted experimentando esta potestad o dominio que Jesús le ha prometido? O, como tantos otros, ¿es usted un cristiano débil, derrotado, temeroso y pisoteado por el enemigo?

Jesús dijo: *"He aquí os doy potestad de hollar serpientes y escorpiones, y sobre toda fuerza del enemigo y nada os dañará".* Lucas 10:19

Observe cuidadosamente cuatro puntos claves dichos por Jesús en este texto:

A. OS DOY POTESTAD. Esta potestad **YA** nos ha sido dada como herencia.

B. OS DOY POTESTAD DE HOLLAR SERPIENTES Y ESCORPIONES.
En vez de ser pisoteados por el enemigo, nosotros podemos pisotearlo a él. En el contexto de esta Escritura, serpientes y escorpiones son simbólicos de toda clase de obra satánica.

C. OS DOY POTESTAD...SOBRE TODA FUERZA DEL ENEMIGO. El dominio que Jesús nos da es más poderoso y extenso que todas las fuerzas que tenemos que confrontar.

D. Y NADA OS DAÑARA. Jesús no sólo nos ha dado el poder para hacer daño al enemigo, sino que también nos protege de la venganza.

PARA REFLEXION
¿Existe alguna área en la que usted experimentó victoria después de haber vivido en derrota antes? ¿Temor? ¿pobreza?, ¿mal genio? ¿acomplejado?

II. ¡VENZA LOS OBSTACULOS!
Existen principalmente tres obstáculos o "ladrones" que nos pueden robar de la vida victoriosa, los cuales tenemos que vencer. Les llamo "las tres íes":

1. La Ignorancia

La ignorancia de quienes somos en Cristo, de lo que tenemos en El, y de lo que podemos hacer en El, ha robado a multitud de personas de su herencia total. *"Mi pueblo fue destruido porque le faltó conocimiento."* Oseas 4:6

Recientemente, escuché la siguiente historia verídica, aunque pareciera increíble:

Durante la Revolución Mexicana en la cual hubo muchos saqueos, cierto hombre enterró un cofre lleno de centenarios de oro que había adquirido en cierto lugar de la sierra del Estado de México, con tal de protegerlo. El hombre mantuvo este secreto los pocos años que le restaron de vida, pero antes de morir se lo contó a uno de sus nietos, que aún era niño.

El muchacho, llamado Juan, nunca le dio seriedad al asunto, ni se lo contó a nadie. Juan tenía un hermano, llamado Jorge, y ambos crecieron y formaron sus familias, viviendo todos en la pobreza. Casi medio siglo después, Juan se acordó de este secreto y se lo contó a su hermano.

Jorge, ¡decidió investigar! Fue, localizó el lugar, escarbó, y...¡efectivamente! El cofre estaba ahí...lleno de centenarios, ya multiplicado su valor cientos de veces. Lo triste es que aunque sus familias se beneficiaron, ni él ni su hermano Juan pudieron realmente disfrutar de su hallazgo porque murieron a edad prematura.

¡Toda su vida habían sido herederos de un gran tesoro que hubiera cambiado el curso de sus vidas, pero la incredulidad del uno y la ignorancia del otro les impidió aprovecharlo y disfrutarlo!

Así es en la vida de miles de cristianos - tienen a su alcance ese tesoro que es el poder del Espíritu Santo y el dominio sobre Satanás, pero unos, porque no lo creen, y otros, porque no lo saben, viven sus vidas en derrota y pobreza espiritual.

PARA REFLEXIONAR:
¿Hay algo que recientemente usted descubrió en las Escrituras que le hubiera gustado descubir antes? ¿Qué descubrió?

---

2. La Incredulidad

La incredulidad es otro ladrón. Algunas personas ven las promesas en la Biblia, pero piensan que sólo eran para los apóstoles o "cristianos especiales", pero que ellas no son dignas o lo "suficientemente buenas" para recibirlas. Sin embargo las Escrituras nos enseñan que *"la fe viene por el oír y el oír por la palabra de Dios"* (Romanos 10:17), por eso es necesario llenarnos con la palabra de Dios para tener fe.

Empiece a leer y marcar su Biblia. Subraye los pasajes que prometen victoria, sanidad y la derrota del enemigo; después, aprenda esos textos y medite mucho en ellos.

Cuando Josué, el general encargado de todo el ejército de Israel, estaba a punto de guiar a todo su pueblo a la peligrosísima tierra de Canaán, Dios le dijo: *"Nunca se apartará de tu **BOCA** este libro de la ley, sino que de día y de noche **MEDITARAS** en él, para que guardes y hagas conforme a todo lo que en él está escrito; porque entonces harás prosperar tu camino, y todo te saldrá bien. Mira que te mando que te esfuerces y seas valiente; no temas ni desmayes, porque el Señor tu Dios estará contigo en donde quiera que vayas."* Josué 1:8-9.

Observe cómo el meditar y hablar la palabra traerá prosperidad y éxito.

Debemos también entender que así como la fe viene por el oír la palabra de Dios, a la vez la incredulidad viene por el oír comentarios negativos hablados por nosotros mismos, o que escuchamos de los demás. Tengamos cuidado de lo que decimos y oímos.

3. La Inactividad

La inactividad es el tercer ladrón. Las victorias espirituales se logran con una fe enérgica, por eso los cristianos perezosos y pasivos no alcanzan el potencial que Dios quiere. Estudiaremos en detalle sobre la pasividad en otra lección.

Es necesario reconocer una verdad muy importante: **UNICAMENTE EN CONFLICTO GANAMOS TERRENO DEL ENEMIGO**.

Recuerde que Jesús dijo: *"El ladrón no viene sino para hurtar, matar y destruir."* (Juan 10:10) No recuperaremos lo que el enemigo ha robado si nos mantenemos pasivos. Al contrario necesitamos tomar la ofensiva y no la defensiva. ¿Cómo? Lo mismo que hizo Josué: meditar y hablar la Palabra.

El Asombroso Poder de Nuestras Palabras.

Aun en el mundo secular reconocen el poder de las palabras positivas. Es común oír de personas que hablan a sus plantas de casa o de jardín pero ahora está de moda tocarles música también. Salió en la primera página de un periódico la fotografía de un agricultor cantando a sus hectáreas de vides desde un helicóptero equipado con micrófono, amplificador, y dos grandes parlantes. El afirmó que la música producía uvas mejores y más dulces. Por otro lado, hay quienes aseguran que las vacas dan más leche cuando escuchan música al ser ordeñadas.

Si se pueden lograr resultados tan impresionantes en cosas naturales como la agricultura y ganadería, ¡cuánto más poderosa es la declaración en fe de la Palabra de Dios!

Medite y declare las siguientes promesas:

*"Somos **MAS QUE VENCEDORES** por medio de aquel que nos amó."* Romanos 8:37

*"Dios **SIEMPRE** nos lleva en **TRIUNFO** en Cristo Jesús."* 2 Corintios 2:14

CONCLUSION

Si usted se ha sentido como un fracasado, si ha caído por el desánimo o derrota, no se desespere. Recuerde a los ganadores que se mencionaron al principio. Ellos también tuvieron que levantarse y vencer obstáculos.

Grandes personajes de la Biblia como Elías, Job, David, Pedro, Pablo, tuvieron también momentos sumamente difíciles y de derrota. Pero lejos de ser "el principio del fin" para ellos, fueron oportunidades en las cuales ellos aprendieron a reinar en vida, experimentando de manera fresca el verdadero significado de la gracia, poder y amor incondicional de Dios.

El haber fallado no le hace un fracasado. Levántese y apropiese de los recursos que el Señor ha dado para reinar en esta vida.

PREGUNTAS PARA DISCUSION

1. Mencione las tres "íes" que nos roban de la vida victoriosa, y mencione brevemente cómo.

2. Explique lo que significa para el cristiano Lucas 10:19 (*"He aquí os doy potestad de hollar serpientes y escorpiones, y sobre toda fuerza del enemigo, y nada os dañará"*)

3. Mencione una ocasión en que usted utilizó esta Escritura (Luc. 10:19) para ganar una victoria personal.

4. Lea Josué 1:8,9. Según estos versículos, ¿cuál es el secreto para tener prosperidad y éxito?

• •
• Aprenda de memoria Romanos 8:37 •
• •

RESPUESTAS

1. <u>I</u>gnorancia - No nos damos cuenta del poder y dominio que el Señor nos ha dado, y por lo mismo no lo ejercitamos.
   <u>I</u>ncredulidad - Aunque vemos las promesas en la Biblia, no creemos que son para nosotros.
   <u>I</u>nactividad - Nos falta una fe enérgica para vencer al enemigo.

2. Dios <u>ya</u> nos ha dado dominio a través de Jesús, con el cual podemos pisotear al diablo en lugar de que él nos pisotee a nosotros. Este poder es <u>más</u> fuerte que el poder del diablo, y además, podemos contar con la protección de Jesús.

3. Discusión libre.

4. Meditar y hablar la Palabra de Dios.

LECCION 6

VENCEDORES SOBRE LAS HERIDAS DEL ALMA

INTRODUCCION

Cuando dos o más personas se encuentran es muy común el preguntar ¿cómo estás? o ¿cómo están? La mayoría de nosotros siempre contestamos con la respuesta de rigor: "Bien, ¡gracias!"

Este pequeño diálogo es probablemente el más utilizado en toda la humanidad. Aun si uno aprende un nuevo idioma para ir al extranjero, éstas son de las primeras frases que a uno le enseñan.

Pero, ¿cómo está usted realmente? Cuando contesta el clásico "bien, gracias", ¿hay algo dentro de usted que a veces quiere gritar, "¡No es cierto!"?

Posiblemente está usted bien físicamente y sabe que está bien espiritualmente porque Cristo vive en su corazón; sin embargo, si hay una parte de usted que sufre tal vez de inferioridad, depresión, temores, inhabilidad de tener intimidad con otras personas, etc., es porque usted tiene heridas del alma y necesita ser sanado. Pero...¡hay esperanza! ¡Usted puede serlo!

I. UNA PERSONA...TRES PARTES

Fíjese bien que estamos hablando de heridas en el alma, no el espíritu. Cada uno de nosotros nos componemos de tres partes importantes: Somos un espíritu, tenemos un alma y vivimos en un cuerpo.

A.- El espíritu es el verdadero "yo". Es la parte que se relaciona con Dios, y donde El habita cuando le entrega su vida.

B.- El alma es la parte que siente. Es donde reside nuestra conciencia, emociones, voluntad y el intelecto.

C.- El cuerpo es la parte que actúa. Es el vehículo en el cual se moviliza nuestra alma y espíritu; es como la cáscara de una nuez, siendo el espíritu y alma la parte interior.

El Resultado

Cuando uno recibe un daño físico serio, ¡jamás espera seguir como si nada hubiera ocurrido! Una pierna fracturada es enyesada; se aplica hielo a un ojo morado; medicina a una cortada y hasta hay cirugía para daños más serios.

Y sin embargo, cuando uno sufre una fuerte herida emocional, rara vez hay una atención inmediata. Uno tiene que seguir adelante como si nada hubiera ocurrido. Las heridas no desaparecen solas, a veces se complican e infectan, causando daño en toda nuestra persona.

II. ¿CUÁLES SON ALGUNAS DE ESTAS HERIDAS - Y CÓMO NOS AFECTAN?

A.- Las heridas son provocadas por:

(1) Rechazo. Usualmente de uno de los padres, desde la infancia o aun antes de nacer. No tiene que haber sido un rechazo abierto, también padres que no supieron expresar aprecio y aceptación a sus hijos, o que tuvieron hijos preferidos.

El rechazo de otras personas significativas en la vida: hermanos, familiares, amistades, maestros, el cónyuge. El divorcio provoca fuertes sentimientos de rechazo, a veces el ser despedido del trabajo, así como el ser traicionados.

(2) Abusos, ya sea físico, sexual o aun emocional.

(3) Experiencias traumáticas: Haber participado en o presenciado algún desastre natural, actos violentos, accidentes, etc.

(4) El pecado de uno mismo. No es posible llevar una vida de pecado, y esperar escaparse de sus efectos. El pecado sexual y daños contra otras personas deja heridas emocionales en uno. Además el haber participado en cualquier actividad que da lugar a Satanás, como brujería, "curaciones", astrología, la "ouija", etc., siempre deja algún daño.

Al convertirse a Cristo algunas personas experimentan un arrepentimiento tan profundo que reciben total sanidad interior inmediatamente. Sin embargo, no es así con otros, quienes requieren instrucción y ayuda en el proceso de ser sanados y libres.

B. Los resultados de estas heridas.

En general, las heridas emocionales, producirán uno o varios de los siguientes resultados:

1.- Incapacidad de dar y/o recibir amor.
2.- Soledad, autolástima, depresión, ira, amargura, desesperación.
3.- Baja autoestima.
4.- Deseo de vengarse.
5.- Temor e inseguridad.
6.- Carácter voluble, nerviosismo.
7.- Un "dolor interior" no identificable.
8.- Cuando uno ha sido víctima de abuso sexual a veces resulta en homo-sexualismo, frigidez, lujuria incontrolable.

> **PARA REFLEXIONAR:**
> Después de leer lo anterior, ¿ha podido identificar alguna "Raíz" en su vida que antes no entendía? ¿En la vida de su cónyuge, sus padres o hijos?

III. LA BUENA NOTICIA... ¡DIOS NOS PUEDE Y QUIERE SANAR!

Cuando Jesús vino, no fue sólo para redimir nuestro espíritu de los efectos del pecado, sino también para sanar nuestra alma. Jesús dijo:

"El Espíritu de Dios está sobre mí...y me ha enviado a sanar a los quebrantados de corazón, a pregonar libertad a los cautivos,... a poner en libertad a los oprimidos..." (Lucas 4:18)

El vino para sanar a los heridos de corazón...por cualquier circunstancia de la vida.

Otra promesa: *"Mas él herido fue por nuestras rebeliones, molido por nuestros pecados; el castigo de nuestra paz fue sobre él, y por su llaga fuimos nosotros curados."* Isaías 53:5

¡Qué sacrificio de Jesús! Al morir en la cruz, no sólo fue para salvarnos del pecado, sino también para darnos paz, y curarnos física y emocionalmente!

Entonces... ¿cómo apropiarnos de esta sanidad emocional que Jesús promete?

A.- Sea como un niño

Permita al Espíritu Santo traer a su memoria aquellos momentos en que usted recibió daño emocional.

Quizá volver a abrir heridas no sea fácil, pero como el cirujano tiene que meter el bisturí en la llaga para que salga la pus, y así se sane el cuerpo, de la misma manera, tenemos que dejar que el Espíritu Santo confronte el dolor en el alma. Al negar su presencia o seguir tapándolo, usted nunca será libre.

Bajo la dirección del Espíritu Santo, El le indicará cuáles son las raíces, y tratando con ellas, los efectos se solucionarán. Recibirá el alivio que tanto necesita.

B.- Perdone

Quizá se esté preguntando: ¿Perdonar yo a quienes me hicieron daño? ¡No lo merecen y me parece injusto que Dios espere esto de mí! Sin embargo, Jesús contó una parábola que explica el por qué.

En esa parábola, un rey perdona a un siervo que le debía tanto dinero, que jamás se lo podría reponer. A la vez, este siervo encarcela a un consiervo suyo, que le debe a él una cantidad mucho menor. Cuando el rey se entera, se llena de ira y envía al primer siervo con los "verdugos" o atormentadores.

Jesús allí nos enseña que Dios es como el rey, que nos ha perdonado (a los que hemos recibido a Jesús como Salvador). <u>Por haber recibido perdón</u>, no tenemos pretexto para no perdonar a quienes han pecado contra nosotros.

Pero hay algo más... mientras que uno no perdona, uno sufre. La amargura causa <u>grandes</u> estragos: depresión, enfermedades físicas y aun la presencia de espíritus malos. Uno <u>no</u> es libre, sino cautivo, sujeto a todos estos atormentadores. Perdonar es la llave que abre la "cárcel emocional".

¿No <u>siente</u> perdonar? No tiene que sentirlo, sino sólo <u>decidirlo</u>. Entonces, con la ayuda de Dios, podrá hacerlo. Es absolutamente necesario perdonar a otros para recibir sanidad y liberación. El perdón nos hace <u>libres del pasado, sana el futuro y restaura el presente</u>.

C.- <u>Acepte por fe su sanidad</u>

En otras lecciones hablamos de la importancia de las declaraciones de la Palabra para ser vencedores. ¡Haga lo mismo para su sanidad emocional! Declare los versículos ya mencionados (Isaías 53:5, y Lucas 4:18) haciéndolas suyas.

A la vez repita en voz alta las siguientes ocho verdades:

(1) ¡Me siento seguro porque tengo acceso directo a Dios por medio del Espíritu Santo! (Efesios 2:18)

(2) ¡Puedo vencer las tentaciones puesto que fui crucificado con Cristo, y ya no vivo yo, sino Cristo vive en mí! (Gálatas 2:20)

(3) ¡No volveré a decir "no puedo" ya que la Biblia dice que puedo hacer todas las cosas en Cristo que me fortalece! (Filipenses 4:13)

(4) ¡No volveré a temer porque Dios no me ha dado espíritu de temor sino de poder, amor y dominio propio! (2 Timoteo 1:7)

(5) ¡No confesaré que soy débil porque el Señor es la fuerza de mi vida! (Salmo 27:1)

(6) ¡No me siento solo porque Jesús está conmigo y que nunca me dejará ni me abandonará! (Mateo 28:20; Hebreros 13:5)

(7) ¡No soy víctima de mala suerte porque Cristo me redimió de la maldición de la ley para que pudiera recibir Su Espíritu! (Gálatas 3:13,14).

(8) ¡No daré lugar a Satanás porque Aquel que está es mí es mayor que aquel que está en el mundo! (I Juan 4:4)

IV. CONCLUSION

¡No utilice su difícil pasado como pretexto para no triunfar! Pocos hemos disfrutado de una niñez o juventud perfecta. La mayoría de nosotros llegamos a Cristo cargando muchos "bultos" que nos estorban: temor al fracaso, temor a la crítica, inseguridad, culpabilidad, aun cosas como matrimonios fracasados, alcoholismo, adulterio, drogas, maltrato físico, padres neuróticos, y decadencia moral. Parece que lo más normal hoy día es una vida anormal.

Aun así, no hay razón para permitir que estas experiencias perduren y determinen nuestras actitudes para toda la vida. ¡Usted puede ser un vencedor!

SUGERENCIAS PARA MINISTRAR EN UN GRUPO

Probablemente varios de los presentes tienen heridas emocionales que necesitan ser sanadas. Fomente un ambiente para ministerio en esta área, haciendo preguntas para reflexión personal (no discusión) tales como:

1) ¿Reconoce que hay alguna área en su vida en la que tiene una herida profunda?

2) ¿Hay alguien hacia quien guarda rencor, y reconoce que ese rencor le está haciendo daño a usted mismo?

Según sienta la dirección del Espíritu Santo, haga una oración general u oración por personas específicas. Una oración posible es la siguiente:

ORACION PARA SANIDAD INTERIOR:
"Señor, te doy gracias porque sé que tú moriste en la cruz para perdonar mis pecados y sanar mis heridas. En este momento te entrego a ti todo el dolor que he experimentado. Gracias porque tú me has perdonado todas mis ofensas, por lo tanto, yo declaro que con tu ayuda y a través de tu poder, yo perdono a _____ por lo que me hizo (o hicieron). Lo perdono de todo corazón y lo bendigo en el nombre de Jesús. Me declaro libre y victorioso sobre todos los verdugos que han venido a atormentarme por haber guardado resentimiento. No vivo lamentando mi pasado, ni temiendo el futuro. Disfruto cada momento del presente porque Tú vives en mí. Amén.

PREGUNTAS PARA DISCUSION

1. ¿De qué tres partes nos componemos, y cuál es la "función" de cada parte?

2. ¿Cuáles son algunas de las causas de las heridas del alma, y sus efectos?

3. ¿Cuáles son dos versículos bíblicos que nos aseguran que Cristo quiere que también seamos sanos emocionalmente?

4. ¿Por qué debemos perdonar, aun si el ofensor no lo merece?

5. Si uno siente que "no puede" perdonar, que versículo en Filipenses puede hacerlo suyo?

● ●
● Aprenda de memoria Isaías 53:5 ●
● ●

RESPUESTAS

1. El espíritu, que es el verdadero "yo" se relaciona con Dios. El alma, donde reside la conciencia, emociones, voluntad e intelecto. El cuerpo, es como la "cáscara" de la nuez, el espíritu y el alma siendo la parte interior.

2. Causas: rechazo, abuso físico y emocional, decepciones fuertes, el pecado de uno mismo, experiencias traumáticas.
Efectos: Incapacidad de dar/recibir amor, soledad, autolástima, baja autoestima, deseo de vengarse, temor e inseguridad, carácter voluble y nerviosismo, "dolor interior", transtornos sexuales.

3. Lucas 4:18 e Isaías 53:5. Puede haber otros.

4. Porque: 1) Cristo nos perdonó a nosotros y El nos manda perdonar a todos, 2) Sólo así seremos libres de los atormentadores.

5. Filipenses 4:13.

LECCION 7

VENCEDORES SOBRE LA ANSIEDAD

INTRODUCCION

Imagine esta escena: guerras, hambres, terremotos, tribulaciones, engaños, alborotos, matanzas, sufrimiento, plagas, violencia por todos lados. Luego imagine que usted viviera en tal mundo y alguien le dijera, "No se preocupe, viva tranquilo y despreocupado." Probablemente su reacción sería, "Pero ¿cómo?"

Basta simplemente con hojear algún periódico o escuchar las noticias para darnos cuenta que ya vivimos en tal mundo, y es precisamente lo que Jesús predijo hace dos mil años. El declaró que todas estas cosas sucederían inmediatamente antes de su retorno al mundo, que serían señales del fin.

Sin embargo, lo más sorprendente de todo esto son las palabras que Jesús pronunció a nosotros que vivimos en medio de todo este caos: ***"no os turbéis"*** Marcos 13:7.

En medio de cosas tremendas, de transtornos de la naturaleza, de terror de las pestilencias, etc., El nos instruye a no turbarnos. Si Jesús dice tal cosa, entonces es posible vivir libre de la ansiedad. Pero ¿cómo hacerlo? Antes de contestar esta pregunta, primeramente examinemos qué es la ansiedad y cómo nos afecta a usted y a mí.

I. ¿QUE ES LA ANSIEDAD?

La Biblia usa las palabras "afán" y "ansiedad" para referirse a una inquietud, un conflicto interior o la falta de paz. Debido a que la ansiedad está muy relacionada a la tensión o estrés, veamos qué es el estrés.

Cuando una persona enfrenta un peligro o una situación muy tensa, ocurren cambios químicos en el cuerpo: la adrenalina es liberada a la sangre. Bajo ciertas condiciones esto es algo maravilloso porque nos capacita para actuar en emergencias. El problema es cuando este cambio químico sucede demasiado frecuente.

La ansiedad es algo que todos experimentamos de vez en cuando durante la vida; pero si nos ponemos tensos, si nos alteramos o nos afanamos, a menudo, o por períodos prolongados, entonces hay consecuencias físicas, emocionales y mentales.

A. Quién lo sufre

En nuestro mundo moderno, parece que nadie está exento al estrés porque los investigadores han descubierto que cualquier cambio puede tener un efecto negativo en el cuerpo humano. Por ejemplo, cambiarse de ciudad, o aun de casa, cambiar de trabajo o escuela...todo tipo de cambio produce cierta tensión.

Hay otras circunstancias en la vida que producen más tensión: una noticia inesperada, la muerte accidental de un ser querido, la muerte del cónyuge o ser despedido de un trabajo. Pero aun situaciones más comunes, como los desacuerdos familiares, preocupaciones por los hijos, los padres ancianos, falta de seguridad económica, afán del futuro, y las desilusiones nos afectan negativamente. Afectan nuestras emociones.

No hay nada que pueda envenenar la mente y el alma como la hostilidad, el resentimiento y la amargura. Si no aprendemos a enfrentar estas emociones y perdonar a otros, nuestro nivel de estrés se aumentará y llegaremos a amargarnos.

PARA REFLEXIONAR:
¿Cree usted que el ritmo de vida hoy en día, tiende a provocar más estrés que el estilo de vida de nuestros abuelos? ¿Por qué sí o por qué no?

B. Los Efectos

En los últimos años se han hecho numerosos estudios en los cuales se han demostrado los grandes estragos de la tensión en el cuerpo humano. Más de un millón de personas mueren cada año de enfermedades directamente relacionadas al estrés. Los medicamentos que más se recetan en México son: (1) Adalat para hipertensión o ansiedad, (2) Ranicén o Tagamet para las úlceras y (3) Valium o Lexotan, tranquilizantes para los nervios.

Tal vez usted nunca ha ido al médico quejándose de ansiedad; sin embargo, ¿puede identificarse con alguno de los siguientes síntomas? ¿Dolores de cabeza, problemas de digestión como gastritis, dolor de espalda y nuca, inhabilidad de relajarse, inhabilidad de gozarse, alta presión de sangre, falta de apetito o comer demasiado?

El Dr. W.C. Alvarez, un especialista gastrónomo de la Clínica Mayo, dice: "El 80% de los desórdenes estomacales que llegan a la clínica no son orgánicos, sino funcionales... La mayoría de nuestras enfermedades son el resultado de la ansiedad y el temor, y yo sé por experiencia que la fe es más importante que la alimentación para la sanidad de las úlceras estomacales".

> PARA REFLEXIONAR:
> ¿En qué manera le está afectando a usted el estrés? ¿Está repercutiendo su estrés en los miembros de su familia? ¿De qué manera?

II. LA ANSIEDAD, LAS CIRCUNSTANCIAS Y SU PERSPECTIVA

¿Ha conocido usted a personas bien acomodadas con una cuenta bancaria hasta reventarse, y sin embargo, infelices? y ¿otras personas que no son dueñas de nada, tal vez enfermizas, sin embargo, llenas de gozo? Las circunstancias no son las que hacen un día -o una vida- buena o mala. **Es nuestra perspectiva lo que hace la diferencia**.

El profeta Habacuc entendió que existe un gozo que trasciende las circunstancias. El fue un hombre que vivió en una sociedad que dependía casi totalmente de la cría de ganado, del fruto de viñas y huertos y de las cosechas del campo. Sin embargo, en medio de la hora oscura de su nación, él clamó: *"Aunque la higuera no florezca, ni en la vides haya frutos, aunque falte el producto del olivo, y los labrados no den mantenimiento, y las ovejas sean quitadas de la majada, y no haya vacas en los corrales; con todo yo me alegraré en el Señor y me gozaré en el Dios de mi salvación. Yavé el Señor es mi fortaleza, el cual hace mis pies como de ciervas, y en mis alturas me hace andar."* Habacuc 3:17-19.

Fíjese que Habacuc no dijo que se alegraría en sus circunstancias, sino ¡en el Señor! El determinó gozarse en el Dios de su salvación. Sea cual sea su situación, si usted conoce a Cristo, entonces gócese en el hecho de que nada...ni los fuertes problemas familiares, ni la falta de trabajo, ni la enfermedad, ni la muerte misma...le podrán separar del amor de Dios que es en Cristo. (Romanos 8:35-39)

El profeta Habacuc tenía razón para estar ansioso, "estresado" y afanado. Sin embargo, su perspectiva de la vida le permitió alegrarse y gozarze en su salvación...algo eterno, porque él entendía que la falta de ganado y cosecha fue algo temporal.

III. ¿QUE HACER PARA VENCER LA ANSIEDAD?

A. Nivel Natural
En cuanto a la ansiedad y tensión, se ha comprobado que el ejercicio corporal regular es excelente para disipar los efectos

físicos que van acumulando. Así que, levántese de su sillón y empiece a caminar o a hacer algún deporte.

> **PARA REFLEXIONAR:**
> ¿Hay alguna cosa que usted hace en lo natural que le ayuda a vencer la ansiedad (el estrés)? Comparta con el grupo.

B. Nivel Espiritual
1. ¡Descanse! a los pies de Jesús.
"En lugares de delicados pastos me hará descansar; junto a aguas de reposo me pastoreará". Salmo 23:2

Vez tras vez, la Biblia nos llama a la quietud. En este mundo frenético y ajetreado, tenemos que tomar tiempo para buscar un lugarcito quieto para estar a solas con el Señor.

Nuestra sociedad de hoy en día, tiene un ritmo tan acelerado que la persona promedio que leyera la historia bíblica de la visita de Jesús a la casa de **María y Marta**, diría que Marta fue la heroina de la historia. Fue ella quien preparó la comida y atendió a las visitas, mientras su hermana María se sentó a los pies del Maestro para escuchar sus palabras. Sin embargo, Jesús dijo que fue María quien había escogido la mejor parte. Ella había aprendido cuándo era tiempo de actuar y cuándo era tiempo de apartarse de las actividades y escuchar al Señor.
¿Ha aprendido usted esta lección?

2. ¡Ore!
"Por nada estéis afanosos, sino sean conocidas vuestras peticiones delante de Dios en toda oración y ruego, con acción de gracias. Y la paz de Dios, que sobrepasa a todo entendimiento, guardará vuestros corazones y vuestros pensamientos en Cristo Jesús". Filipenses 4:6,7

"Echando toda vuestra ansiedad sobre él, porque él tiene cuidado de vosotros". 1 Pedro 5:7

Nuestra mente sólo puede hacer una cosa a la vez -orar o preocuparse. Usted ¿qué hace más?

3. ¡Declare!
Aprenda y declare las verdades bíblicas para su situación. Aumentará su fe y le dará paz.

Por ejemplo: *"Mas buscad primeramente el reino de Dios y su justicia y todas estas cosas os serán añadidas".* Mateo 6:33

¡Si usted está buscando a Dios de todo corazón, puede confiar y declarar que El se encargará de lo demás!

4. Satúrese de El para que crezca en usted el fruto del Espíritu: gozo, paz, etc. *"Regocijaos en el Señor siempre. Otra vez digo: ¡Regocijaos!"* Filipenses 4:4 Pablo escribió eso estando en la cárcel. ¡Imagínese! Como el profeta Habacuc, Pablo también tenía la perspectiva de Dios. El vió que su situación era temporal; su salvación era eterna.

CONCLUSION

No son las tempestades y tensiones externas de la vida que nos derrotan, sino la manera en que las enfrentamos.

Su manera de ver los problemas determina su estado de ánimo. Si usted pasa más tiempo enfocándose en sus problemas, verá a Dios, pequeño y con poco poder para vencerlos. Pero si usted pasa más tiempo enfocándose en la grandeza de Dios, verá sus problemas pequeños y fáciles de enfrentar.

¿Ha echado usted sus ansiedades sobre El? Hágalo hoy mismo porque ¡El tiene cuidado de usted!

PREGUNTAS PARA DISCUSION

1. Indudablemente, en el mundo ajetreado de hoy, a veces sentimos que no hay tiempo para buscar quietud con Dios. ¿Cómo podemos resolver esta situación?

2. Mencione un versículo que usted va a aprender y <u>declarar</u>, para ayudarle a vencer la ansiedad.

3. De acuerdo a la lección, ¿cuáles dos hombres de la Biblia tenían la perspectiva de Dios? ¿Qué significa esto?

4. Usted, ¿cómo se clasifica? ¿más como una "Marta" que se la pasa ocupada o una "María" que dedica tiempo a Dios?

• Aprenda de memoria 1 Pedro 5:7 •

RESPUESTAS

1. Levantarnos una hora más temprano o aprender a aprovechar momentos especiales para buscar la presencia de Dios, como el tiempo que pasa en un camión o carro. Si hace ejercicio, combinar estos tiempos con tiempos devocionales escuchando casetes, hablando con Dios, etc.

2. Muchas posiblidades: Filipenses 4:6, 7; 1 Pedro 5:7; Mateo 6:33, Proverbios 3:5; Salmo 23:1

3. El profeta Habacuc y San Pablo, porque entendieron que su situación era temporal, su salvación y su relación con Dios eterna.

LECCION 8

VENCEDORES SOBRE EL MATERIALISMO

INTRODUCCION

Hace poco se publicaron los resultados de una encuesta, hecha en los Estados Unidos, en la cual a un gran de número de personas se les hacía la siguiente pregunta: ¿Qué están dispuestos a hacer para ganar $10,000 dólares? Las respuestas fueron sorprendentes. Uno de cada cuatro dijo que abandonaría a su familia, y casi el mismo número dijo que aun llegarían a prostituirse por una semana. El 16% dijeron que estarían dispuestos a dejar a su cónyuge y 3% dijeron que hasta darían sus hijos en adopción. ¡El amor al dinero es una raíz muy fuerte!

Pero no seamos ingenuos: no tenemos que haber llegado a tales extremos de las personas encuestadas para tener un problema con el materialismo. En esta lección, veremos como el materialismo es un problema tanto de los que no tienen dinero como los que sí tienen dinero. *"El amor al dinero es raíz de todos los males".* I Timoteo 6:10

I. ¿QUE ES MATERIALISMO?

Cuando pensamos en la palabra "materialismo", pensamos en el amor al dinero y la avaricia. Obviamente incluye todo esto, pero en esta lección usaremos la palabra para incluir más: prioridades, propósitos y metas mal enfocadas. Cuando las prioridades de nuestra vida son cosas materiales y cuando nuestros pensamientos y nuestros planes se enfocan <u>principalmente</u> en cosas temporales, entonces somos materialistas.

Así que, ¿es el materialismo únicamente un problema de la gente con dinero? ¡De ninguna manera! Como veremos, es una debilidad para todos- ricos y pobres.

Jesús dijo, *"Mirad y guardaos de toda avaricia; porque la vida del hombre no consiste en la abundancia de los bienes que posee."* Lucas 12:15

Hay un folleto muy conocido que se usa para evangelizar pero tiene un mensaje poderoso para todos nosotros. Se llama, "Su Unico Error".

Empieza con un dibujo de un señor, en la lluvia, con la leyenda "Llevaba su paraguas cuando llovía". Después lo muestra cepillándose sus dientes y dice, "se cepillaba sus dientes dos veces al día". Así sigue el folleto, contando la vida de aquel señor: "Se hacía examen médico dos veces al año; dormía con las ventanas abiertas, seguía fielmente una dieta con bastantes vegetales frescos, dormía por lo menos ocho horas cada noche, no fumaba, ni tomaba, estaba preparado para vivir 100 años... pero su funeral será el miércoles."

Termina la historia diciendo, "Su único error fue que se olvidó de Dios y vivió como si este mundo fuera todo". La Biblia dice: *"¿Qué aprovechará al hombre si ganare todo el mundo y perdiere su alma?"* Marcos 8:36

Si la vida de usted sólo consiste en levantarse en la mañana para ir al trabajo para tener qué comer y en dónde vivir, y al día siguiente hace lo mismo, usted ha caído en la trampa del materialismo. ¡Pero puede escapar! Su vida puede tener verdadero sentido.

II. ¿TENGO QUE SER POBRE?

Al hablar de la trampa del materialismo, es muy común que uno piense inmediatamente en la necesidad de deshacerse de los bienes y vivir en austeridad. Pero no se trata de esto. El materialismo no es asunto de tener dinero; ¡es asunto de que el dinero le tenga a usted!

Fijémonos bien que el texto antes mencionado, *"El amor al dinero es raíz de todos los males"* 1 Timoteo 6:10, no dice que el dinero es la raíz de todo mal, sino el amor al dinero.

Lo que es más, Dios no quiere que sus hijos vivan en escasez y mucho menos en la miseria. Su voluntad perfecta es que seamos prosperados y que tengamos abundancia.

Riquezas, honra y vida son la remuneración de la humildad y del temor del Señor. Proverbios 22:4

Honra al Señor con tus bienes, y con las primicias de todos tus frutos; y serán llenos tus graneros con abundancia, y tus lagares rebosarán de mosto. Proverbios 3:9,10

A. Abundancia con Propósito
"Acuérdate del Señor tu Dios, porque él te da el poder para hacer las riquezas, a fin de confirmar su pacto..." Deuteronomio 8:18

Aquí encontramos la clave: Dios bendice

económicamente a su pueblo <u>a fin de que puedan establecer y extender su reino aquí en la tierra.</u>

B. Hay que dar

Cuando nos fijamos bien en las promesas bíblicas sobre la prosperidad, siempre existe una condición: el dar. <u>Tenemos que ser dadores si queremos recibir la prosperidad de Dios.</u>

"Dad y se os dará; medida buena, apretada, remecida y rebosando darán en vuestro regazo; porque con la misma medida con que medís, os volverán a medir." Lucas 6:38

"El que siembra escasamente, también segará escasamente, y el que siembra generosamente, generosamente también segará." 2 Corintios 9:6

El gran empresario R.L. Letourneu entendió este principio y Dios le dio sabiduría para inventar maquinaria pesada de construcción, esos grandes caterpilars que se usan para tumbar árboles y lomas para construir carreteras. El empezó dando a Dios el diezmo de todos sus ingresos, pero mientras pasaban los años y él prosperaba más, aumentó el porcentaje hasta que al fin de su vida estaba dando el 90% de sus ingresos a la obra de Dios. Y aun así, él y su familia vivían bastante bien. Dios no es tacaño. El desea buenas cosas para sus hijos. El quiere que disfrutemos del fruto de nuestra labor.

Al igual que un buen padre se deleita en proveer y en dar a sus hijos, así es nuestro Padre Celestial. *"Pues si vosotros, siendo malos, sabéis dar buenas dádivas a vuestros hijos, ¿cuánto más vuestro Padre que está en los cielos, dará buenas cosas a los que le pidan?"* Mateo 7:11

Dios no está en contra del progreso. El mismo puso en el hombre el deseo y la motivación de mejorar su situación, de alcanzar metas, incluyendo metas materiales, con tal que éstas no lleguen a ser la vida de uno, obsesionando sus pensamientos o corazón.

PARA REFLEXIONAR:
¿Cuál ha sido su concepto de Dios y el dinero? ¿Creyó que ser pobre es más espiritual? ¿Cuál es la diferencia entre tener dinero y que el dinero tenga a uno?

III. LA SOLUCION PARA NO SER UN MATERIALISTA

En cierta ocasión cuando Jesús enseñaba sobre la necesidad de no afanarse ni tener ansiedad en cuanto a la comida y la ropa, es decir cosas materiales, El concluyó diciendo, *"Mas buscad primeramente el reino de Dios y su justicia y todas estas*

cosas os serán por añadidura."
Mateo 6:33

Aquí encontramos la clave: buscad PRIMERO el reino de Dios; poner en PRIMER lugar las cosas espirituales.

A. Abraham y Lot

En el Antiguo Testamento leemos de Abraham y de su sobrino Lot. En estos dos hombres, vemos una lección en contrastes. Lot fue un materialista y Abraham no. ¿Cómo lo sabemos? Cuando Dios llamó a Abraham, diciéndole que saliera de su tierra y que fuera a un país lejano y desconocido, él inmediatamente obedeció. El no fue atado a las cosas materiales en Ur de los caldeos. Para él, obedecer a Dios fue lo más importante en su vida.

Abraham y su familia vivían en tiendas en la tierra de Canaán. Aunque no disfrutaban de las comodidades de una ciudad, gozaban de la presencia de Dios en sus vidas. Lot, su sobrino, le acompañó en el viaje. Dios les prosperó tanto que había demasiados animales para la cantidad de pasto verde. Por lo tanto, era necesario una separación.

Cuando llegó este momento de separación, Abraham le permitió a Lot escoger primero cuáles tierras él quería y Lot escogió las llanuras en derredor de Sodoma. La atracción de la ciudad de Sodoma fue tan fuerte que terminó viviendo dentro de esta ciudad sumamente pecaminosa. ¡Y qué precio tan alto pagó! Perdió todo, menos sus dos hijas, siendo éstas terriblemente influenciadas por el estilo de vida aprendida en Sodoma.

B. Sara y la Señora de Lot

Pensemos un momento en las dos esposas. Abraham era un hombre rico aun antes de salir de Ur, así que podemos imaginar que Sara tuvo una casa cómoda entre sus familiares cuando Dios habló a su marido y le dijo que dejara todo para ir a un lugar desconocido.

No hay indicación en las Escrituras que Sara se haya rebelado o le haya hecho la vida difícil a su esposo por su decisión de salir de su tierra. Ella no estaba atada a "cosas". Ella siguió a Abraham en su caminar por fe. Los dos tenían sus prioridades en orden: hacer la voluntad de Dios era lo más importante.

Ahora pensemos en la esposa de Lot. No sabemos su nombre, sin embargo, Jesús la menciona. El dice, *"Acordaos de la mujer de Lot"*. ¿Por qué nos dice esto? Porque ella representa a una persona atada a las "cosas", a la vida cómoda, tal vez una vida social. Cuando ella, Lot y sus dos hijas estaban huyendo de Sodoma, antes de que Dios la destruyera con azufre y fuego, ella volteó para mirar atrás y se convirtió en una estatua de sal.

Este trágico fin de su vida no sucedió solamente porque había una simple curiosidad en ella para observar la destrucción. Sucedió porque su corazón todavía estaba en Sodoma. Ella vivía para cosas temporales de esta vida. Ella era una materialista.

> PARA REFLEXIONAR
> ¿Se identifica usted más con Abraham, o con Lot? ¿Con Sara o con la esposa de Lot?

CONCLUSION

¡Cuántas tragedias ocurren a raíz del amor al dinero! La mayoría de las guerras surgen por el amor al dinero; muchos de los pleitos familiares, incluyendo los pleitos sobre herencias, suceden porque existe avaricia y el amor al dinero; unos matan a otros por el dinero; cuando hay gran crisis económica... como hoy en día en nuestro país... personas se suicidan por no poder pagar sus deudas. Sus vidas habían consistido en sus posesiones materiales.

Busque usted **PRIMERAMENTE** el reino de Dios y El se encargará de sus verdaderas necesidades. ¡Usted puede vencer la trampa del materialismo!

PREGUNTAS PARA DISCUSION

1. ¿Cuál es el remedio de Dios para no caer en el materialismo? Mencione un texto.

2. Reflexionando sobre el testimonio del empresario critiano R.L. Letourneu, quien llegó a ser sumamente rico, ¿qué hizo él para no caer en el materialismo?

3. Al tomar decisiones importantes en la vida, ¿qué le preocupa más: su bienestar espiritual y el de su familia o su bienestar económico y social? ¿Conoce a personas que por ejemplo se mudaron a otra ciudad por motivos principalmente económicos y perdieron un hijo en las drogas?

•••••••••••••••••••••••
• Aprenda de memoria Mateo 6:33 •
•••••••••••••••••••••••

RESPUESTAS

1. Buscar primeramente el Reino de Dios Mateo 6:33 Otra posible respuesta: Lucas 12:15 nos instruye "Mirad y guardaos de toda avaricia".

2. El fue un generoso dador para la obra de Dios.

LECCION 9

VENCEDORES SOBRE LA PASIVIDAD

INTRODUCCION

¿Cómo le va con su algodón? un visitante preguntó al agricultor. "No planté algodón. Tengo temor del gusano picudo".

¿Y cómo salieron las papas? "No planté papas. Tengo temor de la plaga"

¿Pues qué plantó? "No planté nada -¡para no correr riesgos!"

Así es la persona pasiva; no toma riesgos. Y como este agricultor, tampoco cosecha. La pasividad es una plaga, al igual que su primo el fatalismo.

¿Ha escuchado usted la canción que dice, "Lo que será será"? Tal vez sea una bonita canción pero la filosofía es fatalista, los fatalistas creen que todo lo que sucede es la voluntad de Dios, sean guerras, injusticias, abusos, etc., y que no somos nadie para cambiar su voluntad. Aun echan la culpa a Dios si viven una vida de derrota o mediocre diciendo: ¡Así quiso Dios!

Pero ¡así no es como quiere Dios! Al contrario, la Biblia demuestra que hemos de ser personas activas y luchadoras.

I. NACIDOS PARA LA BATALLA

Seguramente en algún momento usted ha escuchado la expresión "nacido para perder". ¡Eso es lo que el diablo quiere que piense. Pero, cuando nos entregamos a Cristo, nacemos para ¡pelear y para vencer! Sin embargo, la victoria no llega si mantenemos los brazos cruzados.

Veamos algunos errores o mentiras que utilizan los pasivos para no luchar.

A. "No es mi personalidad..."
Algunas personas dirán, "pues, soy del tipo tranquilo, no es mi personalidad ser agresiva. No es mi naturaleza pelear. Sólo quiero vivir en paz, ir a la iglesia y ser un cristiano normal."

Sin embargo, si usted es un cristiano, usted está en medio de una guerra y la guerra espiritual no tiene que ver con la personalidad, trasfondo, dones o llamamiento. No es cuestión de preferencia.

Desde el momento que aceptó a Cristo, Satanás comenzó a trabajar en su contra y su propósito de él es *"robar, matar y destruir."* (Juan 10:10)

B. "Dios hará su voluntad, con o sin mi ayuda"

Tenemos que reconocer que no todo lo que nos sucede es la voluntad de Dios. Así creen los musulmanes y los hindues, pero no los cristianos auténticos. El reconocer esta verdad es el primer paso para llegar a ser espiritualmente agresivos.

C. ¿Luchar yo contra el diablo? ¡Me da miedo!

Dios nos ha dado armas poderosas, así que no somos víctimas indefensos en esta guerra. *"Porque las armas de nuestra milicia no son carnales, sino poderosas en Dios para la destrucción de fortalezas".* 2 Corintios 10:4

Tenemos que tomar la ofensiva en este conflicto, no esperar a que el enemigo nos ataque. No acepte ya más la enfermedad, la miseria, los pensamientos atormentadores, el pecado, el temor, la derrota o la irresistible tentación. ¡No somos títeres controlados por una fuerza maligna!

Muchas personas han sido pasivas en cuanto a la guerra espiritual hasta que de repente algo sucede en su familia: el hijo se involucra en una pandilla, la hija está usando drogas, hay amenaza de un divorcio, etc. Entonces la pasividad se torna en una lucha feróz. ¡No espere hasta que haya una crisis en su familia para luchar contra el diablo!

> PARA REFLEXIONAR:
> ¿Existen áreas en su propia vida en las que reconoce que es demasiado pasivo? ¿Qué puede hacer para cambiarlo?

Las victorias espirituales se logran con una fe enérgica, por eso los cristianos perezosos y pasivos no alcanzan el potencial que Dios quiere. *"Somos MAS QUE VENCEDORES por medio de aquel que nos amó."* Romanos 8:37 ¡Seremos o vencedores o vencidos! La decisión es nuestra.

"...que por fe conquistaron reinos, hicieron justicia, alcanzaron promesas, taparon bocas de leones, apagaron fuegos impetuosos, evitaron filo de espada, sacaron fuerzas de debilidad, se hicieron fuertes en batallas, pusieron en fuga ejércitos extranjeros." Hebreos 11:33-34

II. LA LUCHA ES REAL

"Porque no tenemos lucha contra sangre y carne, sino contra principados, contra potestades, contra los gobernadores de las tinieblas de este siglo, contra huestes espirituales de maldad en las regiones celestes." Efesios 6:12

Algunos cristianos ni siquiera quieren tocar el tema de Satanás. Temen estudiar o hablar de él. Pero ningún ejército ha sufrido porque aprendió demasiado acerca de su enemigo. La Biblia dice, "mi pueblo fue destruído porque le faltó conocimiento." Oseas 4:6 La ignorancia le destruirá.

Jesús dijo, *"conoceréis la verdad y la verdad os hará libres."* (Juan 8:32) ¡Aun la verdad acerca de los poderes de la oscuridad! Pero sólo una advertencia: cuando uno estudia sobre nuestro adversario no debe irse a un extremo fascinándose tanto con las asechanzas de él, que pierde el enfoque de Dios y su poder. HAY QUE SABER DEL DIABLO PERO ESTAR IMPRESIONADO CON LA GRANDEZA DE DIOS.

PARA REFLEXIONAR:
¿Alguna vez usted tuvo miedo de aprender más sobre Satanás? ¿Qué le hizo cambiar?

III. LA PASION: Remedio para la pasividad.

Hasta este punto, nos hemos enfocado básicamente en la realidad de la guerra espiritual. Ahora veamos que Dios quiere que seamos gente apasionada por El.

A. Pasión significa con todo el corazón

Un pastor preguntó a uno de sus miembros, "¿Sabía usted que la ignorancia y la apatía son dos de los problemas más grandes dentro de la iglesia?" El miembro contestó, "No sé y no me importa."

No permita que la apatía, otro primo de la pasividad, entre silenciosamente en su vida y le ahogue.

Fijémonos bien en las palabras de Jesús cuando El dijo cuál es el más grande mandamiento: *"Amarás al Señor tu Dios con todo tu corazón, y con toda tu alma, y con todas tus fuerzas, y con toda tu mente."* ¡Con **todo** tu corazón, con **toda** tu alma, con **todas** tus fuerzas y con **toda** tu mente! Este no es un amor a medias, indiferente o apático. ¡Es un amor apasionado!

El momento que usted siente que la frialdad o apatía quiere entrar en su corazón, clame a Dios con todo su ser, pidiendo el fuego divino.

B. Pasión incluye violencia
"Desde los días de Juan el bautista hasta ahora, el reino de los cielos sufre violencia, y los violentos lo arrebatan." Mateo 11:12

¡Qué poderosa palabra! Unos de los maestros de la Biblia, estudiando el griego, dicen que este versículo quiere decir que sólo los de firme resolución se esforzarían por entrar en el Reino. Es decir que los enérgicos, los de todo corazón, los que han vencido la pasividad y la apatía, son los que entran en el reino.

La "violencia" o energía se revela en la manera que oramos, que testificamos y que servimos. No esperemos que alguien nos dé una oportunidad a servir; ¡busquemos la oportunidad! No oremos oraciones tibias y mediocres; ¡oremos con fervor y pasión!

C. Pasión expresa entusiasmo
El entusiasmo genuino, no el de tipo forzado o supuesto, es de naturaleza espiritual. La palabra entusiasmo es una derivación de dos vocablos griegos. EN y THEOS, que quieren decir: DIOS DENTRO DE UNO ó LLENO DE DIOS. Por lo tanto, usted tendrá entusiasmo, fuerza y poder en la medida en que Dios se encuentre realmente presente dentro de usted.

CONCLUSION
Es muy común la actitud, "Si Dios quiere darme más, El sabe donde estoy" o "Lo que Dios tiene para mí, yo lo recibiré."

Sin embargo las promesas de la Biblia no son para el que tiene una actitud pasiva, sino para la persona que busca. *"Yo amo a los que me aman, y me hallan los que temprano me buscan."* Proverbios 8:17

"...buscad y hallaréis... el que busca, halla..." Mateo 7:7,8 *"y me buscaréis y me hallaréis, porque me buscaréis de todo vuestro corazón."* Jeremías 29:13 Fíjese en las palabras, "de todo corazón". Uno que busca de todo corazón no es un pasivo.

¿Es usted un conformista con lo que tiene, espiritualmente hablando? ¿O tiene hambre y sed para más de Dios? Las bodegas celestiales están rebozando de bendiciones mientras que la mayoría de nosotros nos conformamos con mucho menos de nuestra herencia total.

Busque más de Dios porque el que busca, halla. Así usted ¡puede vencer toda pasividad en su vida!

PREGUNTAS PARA DISCUSION

1. Basándose en pasajes bíblicos, ¿qué le diría usted a la persona que dice: "Dios hará lo que quiera independientemente de lo que yo le pida."

2. ¿De qué manera afecta negativamente la pasividad en una familia?

3. ¿Qué le sucede a una nación que desconoce la potencia y las tácticas de su enemigo?¿Qué nos sucede a nosotros, como creyentes cuando desconocemos las tácticas de nuestro adversario el diablo?

4. Lea Mateo 11:12. ¿Qué significa para usted este versículo?

5. ¿Cree usted que necesita más pasión por Dios, más fuego en su corazón? ¿Está conforme o se va a esforzar para cambiar?

• Aprenda de memoria Jeremías 29:13 •

RESPUESTAS

1. Hay muchos pasajes que dicen que Dios responde a nuestras oraciones: Lucas 11:9, Juan 16:23, Juan 15:7, etc. (Que den otros).

2. a) Muchos hijos no son disciplinados porque existe demasiada pasividad en los padres, falta de decisión y energía. Y esta falta de disciplina llevará a los hijos a la rebeldía y aun al fracaso en la vida. b) Cuando uno es pasivo en el matrimonio éste se volverá insípido y puede que surjan problemas.

3. Su ignorancia le puede costar la vida. Igualmente, debemos conocer las tácticas del diablo, pero, también cuáles son las armas con qué vencerlo y cómo.Nuestra ignorancia nos destruirá.

LECCION 10

VENCEDORES SOBRE LA INCREDULIDAD

INTRODUCCION

Cierta mañana, después de una clase bíblica, una madre le preguntó a su niña qué era lo que había aprendido. La niña contestó: "Aprendí cómo Moisés construyó un puente flotante sobre el mar Rojo, y cómo todo el pueblo fue transportado en tanques y tractores. En cuanto habían cruzado, el puente fue bombardeado justo cuando los egipcios estaban cruzando y todos se ahogaron en el Mar Rojo".

La madre se quedó sorprendida y preguntó si así había dado el relato la maestra. "Oh no", contestó la niña, "pero nunca me creerías lo que de verdad dijo".

Esa niña es como mucha gente. Piensa que la fe es creer ciegamente lo que no es verdad. Y para otros, no es más que un simple "ojalá".

En esta lección veremos cómo la fe cristiana ha sido atacada a través de la historia, pero en vez de destruirla, los ataques sólo la ha fortalecido. Usted puede tener una fe personal que vencerá toda incredulidad.

I. VENCER LA INCREDULIDAD POR MEDIO DE LA FE

"Pero sin fe es imposible agradar a Dios..." Hebreos 11:6
"Y esta es la victoria que ha vencido al mundo, nuestra fe". I Juan 5:4

Después de leer estos dos versículos, nos damos cuenta que la fe no es un asunto opcional. Es el fundamento de la vida y es el medio por el cual nos relacionamos con Dios. Entonces la siguiente pregunta lógica es...¿qué es la fe?

"Es, pues, la fe la certeza de lo que se espera, la convicción de lo que no se ve". Hebreos 11:1 Otra versión dice, *"Tener fe es tener la plena seguridad de recibir lo que se espera; estar convencidos de la realidad de cosas que no vemos".*

A. <u>La fe Depende de su Objeto</u>

El valor de la fe es solamente tan bueno como es su objeto, o sea, usted puede creer sinceramente que una silla quebrada no caerá si se sienta en ella; sin embargo, cae, porque el objeto de su fe, -una silla quebrada- no sirve para sentarse. Pero si examina bien otra silla y ve que es sólida, entonces su fe al sentarse, le dará seguridad, porque conoce bien el objeto de su fe.

Mucha gente dice que tiene gran fe en cierta marca de automóvil, fe en el horóscopo, fe en una imagen o ídolo, fe en el poder de cierta curandera, fe en un amuleto, fe en un líder religioso, etc., etc. Pero si uno deposita su fe en algo o alguien que no es la verdad, está autoengañado y tendrá consecuencias desvastadoras. Por ejemplo, si tiene su fe en una empresa y le falla, será una gran desilusión y fracaso...pero sólo en esta vida. Sin embargo, si deposita la fe para su salvación en un sistema religioso erróneo, será una pérdida para la eternidad.

¡Tener "fe" no es suficiente, lo que importa es el objeto de nuestra fe! Como cristianos, sabemos que el objeto o fundamento de nuestra fe es la Biblia. Por lo tanto, examinemos en breve la integridad de este libro, que es la Palabra de Dios, y las declaraciones de Jesucristo.

```
PARA REFLEXIONAR:
¿Usted ha sufrido algún tipo de decepción por haber depositado su fe en algo o alguien que no era Dios? Comparta su experiencia.
```

II. LA BIBLIA, UN LIBRO CONFIABLE

Existen muchas razones por qué creer que la Biblia es en verdad la Palabra de Dios. Aquí sólo mencionaremos dos:

A. La evidencia asombrosa del cumplimiento de las profecías

La Biblia está llena de profecías escritas miles de años antes del suceso, sin embargo fueron cumplidas al pie de la letra. Por ejemplo:

(1.) El profeta Miqueas predijo el lugar preciso del nacimiento de Jesús (Belén) 700 años antes del suceso. (Miqueas 5:2)

(2.) Muchos detalles de la muerte de Jesús predichos cientos de años antes por varios profetas: (a) que se le daría vinagre para tomar (Salmo 69:21). (b) que sus manos y pies serían traspasados (Salmo 22:16).

Existen mucho más de 100 profecías en la Biblia que ya se han cumplido con exactitud, ¡algunas tan recientemente como en este siglo! Entonces si se ha comprobado la veracidad e integridad de la Biblia, ¿no debemos hacer caso de lo que ella dice acerca de Jesucristo, que El es el Salvador del mundo y el único camino al Padre?

B. La unidad de los escritores

La Biblia no es un solo libro, sino 66 libros escritos en tres idiomas por 40 hombres viviendo en 3 continentes diferentes por un período de ¡1500 años! Y lo maravilloso es que todos están de acuerdo y unidos en lo que dicen. ¿Se imagina que maravilloso es esto?

Supongamos que se reunieran 40 músicos y se les dijera, "Cada quien vaya a su lugar sin comunicarse con nadie. Exactamente a las 9:00 a.m. se dará una señal, para que comiencen a tocar cualquier cosa que suene apropiado, y que les parezca bien." ¿Saldría una hermosa sinfonía? ¡Claro que no! Es una idea descabellada!

Y sin embargo, a pesar de la manera en que se escribió la Biblia, existe una unidad increíble. El tema general del Antiguo Testamento es la preparación de un pueblo para recibir al Salvador del mundo y el tema del Nuevo Testamento es la venida y enseñanza de este Salvador, Jesucristo.

¡Piénselo! Entre los escritores figuraron Josué, un guerrero, Amós un mero pastor, David, un rey, Lucas, un médico- y Pedro- ¡un pescador! Al ver tantas diferencias en letras, personalidades y preparación, sería imposible que este libro tan perfecto haya sido escrito sin la diaria inspiración del Santo Espíritu de Dios!

> PARA REFLEXIONAR:
> Otra evidencia de que la Biblia es la Palabra de Dios y es confiable, es que tiene poder de transformar vidas. Otros libros cambian nuestra manera de pensar, pero la Biblia cambia nuestra vida. ¿Cómo ha cambiado la Biblia su vida?

III. EXAMINE EL FRUTO

Hay otras maneras de vencer su incredulidad y hacer crecer su fe. Examine el fruto de los que practican la fe y el fruto de los que rechazan a Dios y su Palabra. Cristo mismo dijo, *"Por sus frutos los conoceréis..."*. Mateo 7:16

Cuenta la historia verídica de cierto ateo, famoso en Inglaterra hace 100 años llamado Charles Bradlaugh. Continuamente, él estaba desafiando las verdades del cristianismo. En un barrio bajo de Londres, trabajaba el ministro Hugh Price con los alcohólicos, prostitutas, y otros que la sociedad había desechado.

Un día el ateo, Sr. Bradlaugh desafió al ministro Price a un debate sobre las verdades de la fe cristiana. Todo Londres se interesó. ¿Aceptaría el Señor Price? El no solamente aceptó, sino que agregó un desafío.

El dijo al Señor Bradlaugh, "Puesto que el debate es un asunto intelectual y probablemente no va a convertir a nadie, yo propongo que los dos traigamos evidencia firme sobre la validez de nuestras creencias. Yo traeré 100 hombres o mujeres cuyas vidas han sido rescatadas y restauradas por el mensaje de la fe cristiana, y usted haga lo mismo, trayendo personas transformadas por el poder de su mensaje. Si no puede traer 100, traiga 50, y si no puede traer 50, traiga 20. Si no puede traer 20, traiga 10. Lo que es más, Sr. Bradlaugh, le desafío a que presente un solo hombre o mujer que diría que su mensaje de ateismo le ha levantado del pecado".

Otra vez todo Londres se puso atento. ¿Qué haría el famoso ateo? Se molestó y en vergüenza retiró su desafío. ¡No contaba fruto alguno para comprobar la validez de sus creencias!

Por dondequiera el evangelio genuino ha entrado, ha traído compasión, amor y transformación de las personas. En muchos casos ha traído aun escuelas para educar la mente, y hospitales y médicos para sanar el cuerpo.

Sin embargo, si observamos los países donde más han rechazado el evangelio y han abrazado religiones falsas, como la India, Egipto y países musulmanes, vemos decadencia moral, ignorancia y miseria increible, suciedad indescriptible, maltrato de la mujer y los niños, etc.

IV. LA FE CRISTIANA ODIADA POR SATANAS

A través de la historia ha habido toda clase de ataques en contra de la fe cristiana, pero en vez de destruirla, los ataques sólo sirvieron para fortalecerla. Consideremos tres casos interesantes:

A. Voltaire, el famoso ateo francés del siglo 18, uno de los más grandes escritores de su día, utilizó su pluma en contra de la fe cristiana. Entre otras cosas, él escribió, "Dentro de 20 años, no existirá el cristianismo. Mi mano singular lo destruirá". Sin embargo, Voltaire murió abandonado y triste. Poco después, la misma casa en donde él había escrito, se convirtió en las oficinas de la Sociedad Bíblica de Suiza. En vez de desaparecer la Biblia, desaparecieron los escritos de Voltaire.

B. El poderoso tirano ruso, Nikita Khrushchev, se jactó que él terminaría con la fe cristiana en la Unión Soviética; sin embargo, él murió en vergüenza y ni siquiera fue sepultado con los otros líderes mayores en la plaza Roja. El año pasado durante Semana Santa un concierto cristiano fue presentado sobre la misma plataforma donde se había pronosticado la derrota de la fe.

C. John Lennon, al conocido artista y el ídolo de millones de jóvenes en derredor del mundo, dijo lo siguiente: "El cristianismo desaparecerá. El tiempo comprobará la veracidad de mis palabras. Ahora, nuestro grupo goza de más popularidad que el cristianismo. Jesús era una buena persona, pero sus discípulos eran hombres torpes y comunes". En vez de desaparecer el cristianismo como había pronosticado Lennon, él murió en 1980 asesinado por un sicópata en una de las calles de Nueva York.

CONCLUSION

La mentira es mentira aunque todos la crean y la verdad es verdad aunque nadie la crea.

¡Cómo prevalece el engaño hoy en día! Los humanistas y muchos otros insisten que "todas las religiones son buenas". Pero la Biblia dice, refiriéndose a Jesús: *"Y en ningún otro hay salvación, porque no hay otro nombre bajo el cielo, dado a los hombres, en que podamos ser salvos..."* Hechos 4:12

¿Cree usted que Cristo es el Hijo de Dios, resucitado de los muertos? **¡SIGALE PORQUE ES EL UNICO CAMINO AL PADRE!**

En cierta ocasión, un padre quiso que Jesús sanara a su hijo endemoniado. Cuando Jesús le hizo saber que era necesario tener fe, él contestó, *"Creo, ayuda mi incredulidad..."*

Si usted tiene problemas con dudas, sea sincero con el Señor y clame lo mismo que aquel padre: *"Creo, ayuda a mi incredulidad"*. El le ayudará y ¡usted será un vencedor sobre la incredulidad!

PREGUNTAS PARA DISCUSION

1. De todas las evidencias de que la Biblia es la Palabra de Dios, ¿cuál le impacta más a usted?

2. ¿Qué tipo de vida se observa en los países donde más rechazan el evangelio?

3. ¿Qué es la fe? Lea Hebreos 11:1 y luego póngalo en sus propias palabras.

4. ¿Qué piensa usted de las muchas personas que afirman que Jesús fue un buen hombre pero que todas las religiones son buenas?

5. ¿Qué consejo daría usted a la persona sincera que desea creer pero que tiene dudas?

• •
Aprenda de memoria Hebreos 11:6
• •

RESPUESTAS

1. En esta lección se mencionó(a) la evidencia del cumplimiento de las muchas profecías (b) la unidad de los escritores y (c) su poder para transformar vidas. Puede haber otras respuestas.

2. Decadencia moral, miseria, ignorancia, maltrato de la mujer y niños.

3.

4. Puesto que Jesús se declaró ser el Hijo de Dios y el único camino al Padre, es imposible que fuera sólo un buen hombre; es decir, o era el Hijo de Dios o uno de los más grandes engañadores de la historia.

5. Que haga la misma oración como el padre del hijo endemoniado, "Creo, ayuda mi incredulidad". Marcos 9:24

Material Adicional

Situaciones Difíciles Que Enfrentan Las Mujeres (tomo 1)

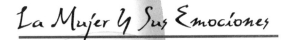

Si alguna vez has enfrentado situaciones difíciles, sea la muerte de un hijo, la desintegración de tu matrimonio, el divorcio de un hijo, el dolor de la infidelidad, haber experimentado abuso sexual, la agonía de tener un hijo pródigo, la frustración de la impotencia sexual, la muerte de tu pareja, o cualquier otra situación que te ha causado dolor y sufrimiento, entonces estos libros son para ti.

La Mujer Y Sus Emociones

Un estudio con temas tan interesantes y prácticos como: cuando el temor paraliza, cómo vencer la preocupación y la depresión, cómo evitar las desilusiones, la mujer y las aventuras amorosas, y más.

Los Proverbios y La Mujer Moderna

Un estudio con temas prácticos del libro de los Proverbios tales como: el uso de nuestras palabras, la belleza de la amistad, cómo tener gozo, cómo adquirir sabiduría y más.

Material Adicional

Una Vida Radical

La historia de la familia Richards, más las muchas lecciones que ellos han aprendido a través de sus 45 años en México, se relatan en este libro. El lector se reirá con algunas de esas experiencias y tal vez llorará con otras. Sobre todo, ¡su vida será desafiada a convertirse en un RADICAL!

Tú Puedes Ser Sobreabundantemente Bendecido

Este libro te enseñará cómo activar la Bendición en tu propia vida y la de tus hijos. Hará la diferencia entre una vida de continuas luchas y fracasos, y ¡una vida sobreabundantemente bendecida!

La Bendición de Vivir Bajo Autoridad

Vivir bajo autoridad abre las ventanas de bendición sobre nuestras vidas. Descubra en estos mensajes, principios claves que le revelarán la bendición que Dios desea derramar sobre usted al vivir bajo autoridad.

Disponible en Audiocasete, CD, DVD y VHS

Material Adicional

10 Mandamientos Para El Matrimonio

Desarrolle el potencial de su matrimonio al máximo. Aprenda con estos 10 mandamientos a mejorar su matrimonio. Contiene temas como: Desarrollar buena comunicación, Administrar las finanzas, Mejor intimidad sexual y otros temas más.

Disponible en DVD y VHS

Curso de Matrimonios

Si tu matrimonio es bueno, puede ser aún mejor; si es aburrido, puede volver a tener chispa. Aprende lo que significa el papel del marido, el de la esposa y cómo ser amantes para toda la vida.

Diez Mandamientos Para La Familia

En este video-curso aprenderá 10 principios clave basados en verdades bíblicas para desarrollar una Familia Fuerte y Feliz. Con humor y consejos prácticos este video-curso le enseñará mandamientos como: Desarrollar una disciplina balanceada, Establecer las prioridades del hogar y otros más.

Disponible en DVD y VHS

CONSIGA TODOS NUESTROS MATERIALES

LIBROS

CRECIMIENTO

– 7 Cosas que Jamás Aceptaré
– El Dominio del Creyente
– Cómo Romper la Maldición de la Pobreza
– Poder en tu Boca
– Usted puede Ganar en la Vida
– Rompiendo Ataduras
– Cambia tu Vida a Través del Gozo
– 11 Mitos Mortales Vs. La Verdad
– Libre de Temor
– Satanás Casi Destruyó mi Vida
– María: Una vida ejemplar
– Tú puedes ser libre de ataduras sexuales
– La Importancia del Perdón
– Cómo Experimentar la Presencia de Dios
– La Nueva Era del Ocultismo
– Apocalipsis y el Nuevo Milenio
– Jesús de Nazaret
– La Persona que Dios Usa
– Tu Puedes ser Sobreabundantemente bendecido
– Mujeres Bíblicas #1
– Mujeres Bíblicas # 2
– Conociendo a Dios
– Verdades que Transforman
– Respuestas Bíblicas a 10 Preguntas Actuales
– Más que Vencedores
– 10 Fundamentos para una vida de éxito
– Experimenta la Presencia de Dios a Través del Tabernáculo
– El Asombroso e Inagotable *Amor de Dios*
*** Tú puedes ser sanado**
*** Como criar a un hijo adolescente ¡sin volverse loca!**

*** *Libros Nuevos***

PARA MUJERES

– De Mujer a Mujer
– La Mujer de Excelencia (Curso y Bolsillo)
– La Mujer Verdaderamente Libre
– Tú puedes ser feliz, con o sin un hombre *(Ampliado y Actualizado).*
– De repente ¡Me quede Sola!
– ¡Auxilio! Me pidió el divorcio
– El Perfil de una Mujer de Dios
– ¿Quién Puede entender a los Hombres?
– La Verdadera Belleza
– 10 Errores que Cometen las Mujeres
– 8 Tipos de Madre
– Proverbios y la Mujer Moderna
– La Mujer y sus Emociones
– Situaciones Dif. que enfrentan las mujeres No. 1
– Situaciones Dif. que enfrentan las mujeres No. 2
*** El Deleite y el Dolor de ser Esposa de Pastor**
*** Disfruta donde estás mientras caminas a donde vas. (Vive en gozo)**
*** De Profesión: Mamá...**

PARA MATRIMONIOS

– 14 Reglas para un Conflicto Matrimonial
– Amistad e Intimidad
– Matrimonio al Máximo
– 10 Mandamientos para el Matrimonio
– Curso de Matrimonios
– Fundamentos para el matrimonio

PARA LA FAMILIA

– Sus Hijos, Barro en sus Manos
– La Familia Feliz
– Cuando Los Hijos se Rebelan
– 10 Errores que cometen padres de niños
– El Plan de Dios para la Familia

AVIVAMIENTO

– Sorprendido por el Espíritu
– Una Aventura que Vivir
– Maravillas, Prodigios y Señales
*** Avivamientos de sanidad # 1**
*** Avivamientos de sanidad # 2**

PARA PEDIDOS VER CONTRAPORTADA   REV. V

LIBROS

ORACION

- Orando para Lograr Resultados
- El Secreto para Cambiar su Familia
- Cuando una Mujer Ora por sus Hijos
- Poseyendo la Tierra
- Cuando la Mujer Ora
- Intercesión: La Bomba Nuclear de Dios

PARA JOVENES

- El Joven y su Sexualidad
- ¡Sexo, Vale la Pena Esperar!
- Novela Crystal
- Sabiduría para encontrar tu pareja y dirigir tu noviazgo

PARA HOMBRES

- ¡Este Hombre sí Supo!
- El hombre, hijo, esposo, padre y amigo
- Ni macho ni ratón, sino verdadero varón
- Hombro con Hombro
- De Padre a Padre
- Faldas, Finanza y Fama
- Dios, el Dinero y tú
- 5 Prácticas de las personas que triunfan
- Una actitud que abre puertas
- **Hombres en Llamas**

UNA VIDA RADICAL

Biografía de Víctor y Gloria Richards

OTROS MATERIALES

VIDEOS Y DVD PARA MATRIMONIOS

- Disfrutando las diferencias
- 10 Mandamientos para el Matrimonio
- 10 Mandamientos para la Familia
- **Matrimonio Maravilloso en el Espíritu**

VIDEO-LECCIONES
(Incluye manual) VHS y DVD

- Apocalipsis y el nuevo milenio
- La Nueva Era del Ocultismo
- El Verdadero Sexo Seguro (No manual)

AUDIO CASETES DE MUSICA
(Para niños)

- Cantando la Palabra
- Venciendo el Miedo-*Vaquero Vázquez*
- El Baño de Lucas (CD y Cass.)
- El Gran Engaño
- La Tía Ruperta (CD y Cass.)

**Nuevo Material*

MENSAJES

- La Bendición de Vivir Bajo Autoridad
  (4 cass./4 DVD's/2 VHS))
- La Verdadera Aventura
  (4 CD's y 4 cass.)
- Conectando con mis hijos
  (2 cass./2 CD's)
- Liderazgo en tiempo de Crisis
  (4 CD's / 4 Cass)

AUDIO CASETES Y CD´s DE MUSICA

- Se escucha la lluvia
- Unidos por la Cruz
- Hombres Valientes
- Clamemos a Jesús
- Generación sin Frontera
- Ven y llena esta Casa
- Esclavo por amor